日韓激突

「トランプ・ドミノ」が誘発する世界危機

手嶋龍一
外交ジャーナリスト・作家

佐藤 優
作家・元外務省主任分析官

673
中公新書ラクレ

まえがき

地中海に浮かぶマルタ島は前夜から大嵐に見舞われていた。ソ連のミハイル・ゴルバチョフ共産党書記長は激しく揺れる大型クルーズ船「マクシム・ゴーリキー」号の甲板に立ち、アメリカのジョージ・ブッシュ大統領が乗る巡洋艦を苛々《いらいら》しながら待ち受けている。先乗りしたホワイトハウス記者団に「アメリカは超大国だろう、これしきの嵐でなぜ来られないんだ」と怒る貌《かお》には、冷たい戦争に敗れた者の口惜しさが滲《にじ》んでいたように思う。ベルリンの壁が崩壊した翌月、一九八九年十二月二日の出来事だった。

このときアメリカは国を挙げて自由な理念、開かれた社会ゆえに東西両陣営の対決に勝ったと信じ、得も言われぬ至福のひととき「ユーフォリア」に身を浸していた。一方のソ連は自国の民を過酷な呪縛のもとに置いて敗れ去り、最強国の座から真っ逆さまに滑り落ちつつあった。歴史が大きく回転する瞬間に、私はホワイトハウスにあって、佐藤優さんはクレムリンの懐深くで立ち会った。あれから三〇年の歳月が流れ、「民主主義が世界を覆いつくすだろう」と断じた識者たちの予測を粉々に打ち砕き、いまヨーロッパでは東欧諸国が再び権威主義に惹《ひ》き寄せられ、東アジアにあっても朝鮮半島が中国の経済力と軍事力に傾きつつある。

今回の対論を通して、その責めは「異形の大統領」たるドナルド・トランプが掲げる「アメリカ・ファースト」にもあることを指摘した。太平洋と大西洋にまたがる同盟諸国の米国離れを加速させ、自由な貿易システムは急速に色褪《あ》せ始めた。その間隙を衝くように、習近平率いる中国は「一帯一路」という名の大中華圏構想を打ちあげ、プーチンのロシアも軍事力でクリミア半島を併呑し、対米攻勢を強めようとしている。

そうしたなか、われわれは『日韓激突』や『米中衝突』の実相を様々な角度から取り上げて分析を試みた。戦後最悪といわれる日韓関係も、やや高みに立って見渡せば、歴史問題を含めた両国の対立にとどまらず、東アジアの地政学上の変容が影を落としていることが分かる。加えてトランプ大統領が再選を狙って北の独裁者と首脳会談を演出し、これが韓国の文在寅《ムンジェイン》大統領を強硬な対日姿勢に走らせていることを指摘した。

アメリカが二十一世紀も世界のリーダーでありたいと願うなら、自由な理念を堅持し、安全保障の盟約を守り抜くことを同盟諸国に身をもって示すべきだろう。だが現実はアメリカの普遍的な理念は随所で綻びをみせ、日本をはじめとする同盟諸国から疑いの眼を向けられている。本書の対論を通じてそうした危機感を読者と共にできればと思う。

手嶋龍一

目次

第2章　韓国を中国大陸に傾かせた東アジア地政学……57

第3章　ホルムズ海峡「日本タンカー攻撃」の真の狙い……93

第5章　米朝蜜月と米中衝突の果てに劣化する日米同盟……165

第6章 トランプの「日米安保廃棄論」に日本はどう立ち向かうのか……223

日韓激突　「トランプ・ドミノ」が誘発する世界危機

第1章

韓国の自滅を誘い、緒戦を凌いだ日本

ドナルド・トランプが設えた日韓亀裂の舞台

手嶋　「中公新書ラクレ」を舞台にした佐藤優さんとの対論はなんと三年連続となり、現下の国際政局を共に読み解くことになりました。思い起こせば、少数の政治指導者に一国の統治を委ねてしまう危うさを警告した『独裁の宴』をまず二〇一七年暮れに出版し、新旧二つの超大国が真っ向から対峙する二十一世紀のいまを描いた『米中衝突』を翌一八年暮れに上梓。これを受けて今回は、対馬海峡を隔てて日韓両国がまっしぐらにコリジョン・コース（衝突の道）に突き進む現下の情勢を扱った『日韓激突』をお届けすることになりました。ただ、タイトルだけを眺めると、三冊目はいささかスケール感に欠けると見る向きもあるかもしれません。しかし、どうかご心配なく。我らが「佐藤ラスプーチン」が、地域情勢をこぢんまりと論じて、読者を落胆させるはずがありません（笑）。前の二冊と同様に、「インテリジェンス」を武器に、激しく揺れ動く現下の国際政局を深く広く解き明かしたものになっています。「日韓の対立という名の鏡」に映し出されているのは、かつて我々が眼にしたことがなかった特異な光景です。文在寅《ムンジェイン》に率いられたいまの韓国が異様なまでに北の強権国家に傾き、さらには新興の大陸国家、中国の巨大な引力で惹《ひ》き寄せられつつある現実でした。さらに「金正恩《キムジョンウン》という若者と恋に落ちた」と公言し、米朝の直接対話に突き進んだドナルド・トランプの登場で、日韓の鏡に映し出される東アジアの光景は、さらに歪《ゆが》んで混沌とした様相を呈しつつあります。

こう申しあげれば、世界経済を牽引してきた東アジアの二つの有力な工業国が、過去の負の遺産を拭いきれないまま、武力衝突の危機すら孕《はら》んで対峙しているだけではないことを理解いただけると思います。半世紀に及んだ冷たい戦争が終わってみると、ヨーロッパでは、東西両陣営の対立の構図は姿を消しました。しかし、東アジアにあっては、三十八度線が朝鮮半島を真っ二つに切り裂いたまま、冷戦の残滓は留め置かれていました。ところが、文在寅政権が出現するや、日本には対決姿勢を剝《む》き出しにする一方で、北朝鮮には宥和的な姿勢に転じたため、朝鮮半島の二つの国家を南北に分かつ境界線は次第に溶解しつつあります。その結果、日本の防衛ラインは、対馬海峡にまで迫ろうとしています。この新しい亀裂こそ、我々が「新アチソンライン」と呼んだものです。本書を通じて読み解いたのは、まさしく、東アジアの、そして日本の危局にほかなりません。

佐藤 国際政局にあって、想定外の事態が起きるのは、さして驚くべきことではありません。しかし、それにしても、三年も続けて稿を改め、現下の情勢を読み解かなければならないのは尋常ではありません。それだけ情勢が目まぐるしく動いている証拠です。著者の立場からは、せめて三年くらいは日持ちしてほしいと思わず溜息《ためいき》が出てしまいます。(笑)

手嶋さんとの一連の対論では、日々新たな展開を見せる現下の情勢を追いかけ、「インテリジェンス」を武器に精緻な分析を試み、近未来に生起しそうな事態を言い当ててきました。まあ、国際情勢の予測などというものは、景気の見通しと同様に、ほとんど当たらないのが常なのです。だから、多くのエコノミストは、前の著作など消えてくれと願っているのです(笑)。正直に言うと、我々の著作は、版を重ねても、幸い予測を訂正した箇所はひとつもありません。読者の皆さんから次の著作はいつ出るのかという問い合わせが編集部に数多く寄せられ、それに背中を押されて本書を編みました。読者の皆さんは、「インテリジェンスの業」がどれほどの切れ味か、じっくり品定めをするのでしょうが、試される身にもなっていただきたい（笑）。そんなことですから、一冊目からでも、三冊目からでも、自由に読んでいただければと思います。

手嶋　初めての読者への道案内として、本書に登場するキーワード「インテリジェンス」とはいかなる意味かを簡潔に説明しておきます。多義的なこの言葉には、ぴたりと当てはまる日本語が見当たりません。佐藤ラスプーチン流にズバリと言えば、「国家が生き抜くための選《え》りすぐりの情報」ということになります。やや丁寧に言えば、我々の身の回りに溢《あふ》れている膨大にして雑多な情報の海から、事態の本質を窺《うかが》わせる情報の原石を選り抜き、周到に分析し、決断の拠《よ》り所にまで高めた「情報」がインテリジェンスです。英語でいう「インフォメーション」は雑多な一般情報ですが、そこから選び抜かれ、磨き抜かれ、彫琢し抜かれた、ダイヤモンドのような情報がまさしく「インテリジェンス」なのです。従って、「インテリジェンス」は、近未来に生起する出来事を知る手がかりにもなるため、国家だけでなく、企業や個人にとっても、時に命に等しい価値を秘めています。それでは、この「インテリジェンス」を羅針盤に、東アジアという荒れ模様の海に漕《こ》ぎ出してみたいと思います。

佐藤　まず手始めに、いまの東アジア情勢をここまで混迷させてしまった韓国大統領の文在寅という人の内在的論理に踏み込んでみましょう。文在寅という政治家が、かなりの反日的な思想の持ち主であり、韓国の大統領府、青瓦台に入れば、日韓に様々な軋轢を生じさせるという懸念は、就任前から指摘されてはいました。しかし、これほどの日本への対抗姿勢を露《あら》わにしてこようとは想定を超える事態でした。

大統領の文在寅という人は、絵に描いたようなポピュリストであり、その政権も典型的なポピュリズム政権であることをまず押さえておくべきです。草の根の大衆が好みそうな政策を掲げて、さらにいえば、大衆が喜ぶように迎合してみせる。韓国では戦後長く続いている反日教育の土壌がありますから、人々の反日感情を煽《あお》ることは、ポピュリズム政権の常套手段です。しかし、「反日感情を煽ることで、経済政策の失敗などへの国民の批判をかわそうとしている」というレベルで捉えていても、文在寅政権が引き起こした事態の本質は少しも見えてきません。

手嶋　韓国の歴代政権も時に〝日本叩き〟を政権維持の梃子に使ってきました。韓国の政権が反日ナショナリズムに傾くのは別に目新しくない。いま、戦後最悪と言われる日韓関係が醸成されてしまった背景には、やはり今日的な原因があると見なければなりません。

佐藤　前著の『米中衝突』で、手嶋さんと朝鮮半島を取り巻く情勢が激変している様子を詳しく読み解きました。ドナルド・トランプというこれまで政治に無縁だった大統領が誕生し、大胆な米朝接近を演出し、これが日韓関係にも乱気流を巻き起こしたことが大きな背景になっていると思います。

手嶋　日韓の未曽有の対立と予想外の米朝の接近。この二つのファクターがない混ぜとなって、朝鮮半島情勢が新たな相貌を見せ始めているのですね。日本ではあまり語られてこなかった視点ですね。

佐藤　トランプといえども、現職のアメリカ大統領ですから、同盟国である日本と韓国の関係悪化など望むはずはありません。彼は自身の信念に従って、自分なら米朝の扉をこじ開けることができると、目の前のボタンを押したのだと思います。ところが、実はそれは〝東アジア・ドミノ〟の牌だった。その牌は次々に倒れていき、まさしく連鎖の果てに、トランプ自身も想定しなかった国際政局の変動を呼び起こしてしまったのです。

考えてみれば、トランプという大統領は就任以来、中東をはじめ、様々な地域でこうしたドミノ倒しをやっています。大統領選の再選を間近に控えていることもあって、これからも以前にも増して大胆な行動に打って出る可能性があります。

手嶋　まさしく、トランプ・ドミノに心せよ、ですね。やっていることの是非、人物の好き嫌いは別にして、トランプという政治家が、国際政局に新たな地殻変動を引き起こす地雷原になっている、これは紛れもない事実です。裏を返せば、いま国際社会で起きている様々な危機は、トランプという政治指導者がどのように関わっているのかをみれば、より精緻に理解することができると思います。

佐藤　そう、すべての道は、ローマにではなく、トランプに通ず、なのです。(笑)

手嶋　我々の前浜で起きている日韓の対立も、トランプ・ファクターなしには、正確に読み解くことはできないと思います。

官邸主導の「ホワイト国」除外

手嶋　まず、二〇一八年末からの動きを簡単に振り返っておくことにします。一八年十一月、韓国は、慰安婦問題日韓合意に基づく慰安婦財団の解散を発表します。十二月には、韓国海軍艦艇による自衛隊機へのレーダー照射という、奇妙な事件が起きました。

佐藤　韓国軍側の「誤射」であることは明白ですが、軍がそれを認めようと思っても、国に諮った結果、「黙っていろ」ということになってしまった。

手嶋　ただ、この頃は、両国関係がこれほど険悪になるとは、少なくとも日本側は思っていなかった。やはり、日韓の争いが先鋭化するきっかけは、何といっても元徴用工の訴訟問題です。ことの発端は、一八年十月に、日本の最高裁にあたる韓国大法院が日本企業に対して元徴用工に賠償を命じる判決を下したことでした。文在寅政権がこの司法判断を支持する姿勢に傾き、これに対抗して、日本政府が日韓請求権協定に基づく仲裁委員会の設置を求めました。一九六五年の日韓基本条約で過去の賠償問題には決着がついたのですから当然の要求ですが、韓国側はこれに応じようとしませんでした。

佐藤　明らかに無視しましたよね。これで両国の間の軋轢はぐんと高まりました。

手嶋　そうなのですが、あえて言えば、ここまではまだ「衝突の前史」と言っていいと思うのです。日韓が相対する碁盤に、先に決定的な石を打ったのは、まず日本でした。一九年七月初旬、韓国向けの半導体のハイテク素材三品目について輸出管理を厳格化し、翌八月に入ると通商上の優遇措置の対象国を意味する「ホワイト国」のリストから、韓国を外す措置を発動したのです。安倍官邸は、徴用工問題に対抗して韓国に特別な報復に出たわけではない、通常の貿易対象国に戻したに過ぎないと説明しました。しかし、「ホワイト国」は、相手国の手が汚れていない、つまり、テロ支援国家やテロ組織に軍事製品に転用可能なハイテク製品が流れることはないことを意味するものです。ですから、韓国の文在寅政権は「自分たちを信用しないのか」と怒り、八月二十二日、日韓の軍事情報包括保護協定（GSOMIA）の破棄通告に踏み切ったと思われます。

佐藤　「ホワイト国」からの除外については、安倍政権は否定していますが、決着済みの元徴用工問題に韓国大法院が新たな判決を出したことへの明らかな報復だと私も考えます。ただ、報復をそうとは言わずに実行する、こうした「フェイント」のような手法を日本の外務官僚は好まない。あれは安倍官邸の主導によるものでしょう。

手嶋　日本外交の内在論理をよく分かっている佐藤さんがそう言うのですから、本当なのでしょう。だとすれば、日本の経産官僚、そして経産ＯＢが、主導して切った札と言えそうです。これは彼らの得意技だと思います。

佐藤　あえて現政権下の外務官僚に成り代わってみると、今の官邸官僚は、「帝国陸軍」のように映るのかもしれません。統帥権、すなわち安倍晋三首相との深い関係を盾に、外交に土足で踏み込んでくる。本当は、それを排除して外務省主導の外交に戻したいのだけれど、戦前の陸軍が軍刀を振り回して圧力をかけていたのに代わって、今は内閣人事局が高級官僚の人事権という伝家の宝刀を握っているから、外務省も手出しがしにくいわけです。

手嶋　戦前だって、陸軍への抵抗を試みた外交官はいたのですから、官邸にいくら人事権を握られているからと言って、情けないと思ってしまいます。

佐藤　ただし、安倍官邸が打った布石は間違ってはいなかったと思います。国際場裏では、売られた喧嘩は、時に買わなくちゃならない場面もあるわけだから。

手嶋　その点については僕は佐藤さんと意見が違うのです。毅然と戦うなら、「ホワイト国」から韓国を外した理由をきちんと示すべきでした。韓国大法院の判決への対応策だと明言すればいい。もし日本から輸出された貴重なハイテク製品がテロ組織などに流れているのが事実なら、当然、優遇措置を認めるわけにはいきません。

佐藤　テロ支援国家やテロ組織にハイテク製品が流れていれば、完全にアウトです。

手嶋　ところが、「安全保障上の観点から除外を決めた」と曖昧なもの言いに終始し、明確なエビデンス、証拠を示そうとしていない。通商上の問題に安全保障を絡めれば、機密情報のやり取りに関する取り決めであるＧＳＯＭＩＡに跳ね返ってくることは、容易に予測できたはずです。

佐藤　確かにこの問題は、手嶋さんが指摘するように、貿易のテクニカルな側面より、互いの信頼関係に関わる問題と見るべきですね。

開戦直前の「ハル・ノート」⁉　日本が韓国を追い込んだ日

手嶋　さらに議論を深めるために、日本・韓国・米国の安全保障に関する情報交換の仕組みをみておきましょう。ＧＳＯＭＩＡの問題が起きた後も、日本のメディアが三国の情報交換のシステムをきちんと理解していないのは問題です。

二〇一四年に、まずアメリカを介して日本・米国・韓国の三国で、安全保障に関わる機密情報をやり取りするＴＩＳＡ（日米韓情報共有に関する取り決め）が締結されました。

佐藤　アメリカを中核に日本と韓国がそれぞれ同盟関係にあることを前提に、北朝鮮のミサイルなどに関する機密情報を日韓が交換できるようにした仕組みです。ただ、アメリカを介して情報をやり取りするので時間がかかる。要するに、まどろっこしい。なおかつ、そこでは、機密情報のやり取りに関する「サード・パーティー・ルール」が適用されます。いわば情報を送る側の著作権で、例えば韓国がＡとＢという情報を入手して、アメリカに伝える。その際、韓国が「日本にはＡだけ伝えて、Ｂは伏せてもらいたい」

と要請すれば、アメリカはそれに従わなくてはいけないのです。お互いにそうした義務を負う「三角関係」なんですね。やはり、日韓の間にはワンクッションあるわけです。

手嶋　それでは、緊急の事態には間に合わない。そこで一六年に、日韓がＧＳＯＭＩＡを締結し、両国が直に機密情報を交換できるようになった。北朝鮮が核実験をしたり、核ミサイルを発射したりすれば、ことは寸秒を争いますから。これによって、状況はぐっと改善されました。

佐藤　ただし、そうした機密情報を共有するためには、お互いの信頼関係が揺るぎないものであることが大前提です。ＴＩＳＡは確かにまどろっこしいのだけれど、日米、米韓という強固な同盟関係をベースに構築されています。しかし、ＧＳＯＭＩＡはそうではありません。日韓は同盟関係にはありませんから。機密情報の交換を有効に機能させるには、両国の信頼という「担保」がやはり不可欠なんですよ。

手嶋　繰り返しますが、ＧＳＯＭＩＡとは、相手を「安全保障のホワイト国」、つまり相手の手が汚れていないという信頼関係を前提に機密をやり取りする仕組みなのです。

佐藤　そういうことです。だから、ＧＳＯＭＩＡの破棄というのは、日本はそれに値しない、という韓国の意思表示ということになります。

手嶋　ただ、先に石を置いたのは日本なのです。韓国を通商上の「ホワイト国」から除外するという決定こそ、「もうお前は信用できない」と通告するも同然の行為です。しかも、「安全保障上の理由」だと通告したのですから、GSOMIAに跳ね返ってくることは避けられなかった。少なくとも外交のプロたちには分かっていたはず。

佐藤　GSOMIAを成り立たせている信頼関係は、すでに韓国大法院の元徴用工訴訟判決を文政権が支持した時点で崩れていたと思うのです。あの時点で、日本側の不信感は極限に達してしまいました。

手嶋　私は対抗措置をとるべきではないと言っているのではありません。韓国大法院の判決と文在寅政権の姿勢に「異議あり」と表明するなら、国際的な舞台に持ち出すなど、他策がありえたはずと指摘しているのです。これまで営々と築き上げてきた日韓の信頼関係が、文在寅政権によって次々に破壊されている現状を堂々と国際社会に訴えればいい。通商上の技術的な分野で報復に訴えたことは、広く世界の舞台で主張をアピールする力量に欠けている弱点を露呈していると思います。

佐藤　しかしながら、実際には、安倍政権は「ホワイト国外し」という形で日本の意思を示した。さらに、その直後の二〇一九年八月十五日、日本の植民地支配からの解放を祝う「光復節」の演説で、文在寅大統領が「日本が対話と協力の道に出れば、喜んで手を取る」と一応歩み寄ったものの、今度は日本政府がガン無視した。

手嶋　事前には、相当辛辣な対日批判が飛び出すのではという観測も流れましたが、文演説のトーンは意外に抑制されたものでしたね。

佐藤　私は、むしろGSOMIA破棄というカードを一度切らせるため、日本側がガン無視したと読んでいるんですよ。日本側が関係改善の呼びかけに応じようとしない以上、文政権は「もはやGSOMIAはなきがごとし」と断じて、必ず破棄を通告してくるはずと。ならば、彼らに壊してもらって、その全責任を負わせ米政権を味方につける――。

このとき、日本側の念頭にあった観客は、ドナルド・トランプたった一人でした。

手嶋　確かに米国防総省が「文政権が日本と協定の延長をしなかったことに強い懸念と失望を表明する」と述べるなど、トランプ政権の批判の矛先が、韓国に向けられていきました。

佐藤　日本政府が韓国をＧＳＯＭＩＡ破棄の通告に「追い込んだ」という見方は、第二次世界大戦開戦前の「ハル・ノート」を想起すれば分かりやすいかもしれません。ハル・ノートは、一九四一年十一月に、アメリカ国務長官ハルが日本側に示した覚書で、そこには日本軍の中国、仏領インドシナからの全面撤兵、蔣介石政権以外の政権承諾拒否など、日本側としては、とうてい受け入れ難い内容が盛り込まれていた。これが事実上の最後通牒となって、日本に開戦を決意させ、十二月八日の真珠湾攻撃に至ったわけです。

手嶋　真珠湾攻撃だけをみれば、山本五十六提督の大胆な奇襲は戦史を画する成功と言っていいでしょう。しかし、対英米開戦に至る大局的な情勢判断は、悲劇の幕開けを告げるものとなりました。

佐藤　今回は、日本がハル・ノートを示して韓国に「真珠湾攻撃」に走らせた、という図式です。ちなみに韓国がＧＳＯＭＩＡ破棄の通告という挙に出た背景には、「情報の非対称性」があると思うのです。

手嶋　北朝鮮のミサイル発射情報に関しては、日本と韓国では、それぞれ得意技が違いますからね。

佐藤　そう、韓国には北に近いという地政学上の優位がある。一方で日本は、中・長距離ミサイルの探知技術で優れている。だから、日韓は機密情報を交換する価値があったわけです。ところが、二〇一八年六月の米朝のシンガポール会談以降、北朝鮮は長距離も中距離も撃たなくなった。韓国からすれば、短距離ミサイルの情報を一方的に日本に伝えるだけだ、と不満を募らせていた。韓国からの持ち出し過多じゃないかと。

しかし、実情は韓国が考えていたような単純なものではなかったのです。協定破棄を決定した直後に、重要な出来事がありました。

手嶋　韓国がＧＳＯＭＩＡ破棄と通告した二日後の八月二十四日、北朝鮮が行った短距離弾道ミサイルの発射でそれが明らかになりました。

佐藤　そうです。その発射に関しては、日本の防衛省の発表のほうが韓国側よりも二六分も早かったのです。北朝鮮が発射したのは単純な短距離ミサイルではなく、高度な誘導装置を装備した、弾道計算がとても難しいタイプの新型ミサイルだったことが、後で判明しました。要するに、短距離であっても、そういう高性能のミサイルの発射情報は、日本のほうが早く正確にキャッチすることができる。二六分の差というのは、学力に例えるならば小学校五年生と大学四年生くらいの致命的な開きがあると言っていいでしょう。そういう事実が、白日の下にさらされたわけです。

手嶋　日本側からすれば、ＧＳＯＭＩＡがなくても機密情報を独自で入手できる実力があることが証明されました。一方、あのミサイル発射については、ＧＳＯＭＩＡの破棄が現実になるかもしれないという日韓の安全保障の綻びを北朝鮮が衝《つ》いたのでしょう。

佐藤　当時の岩屋毅防衛大臣も、そう発言しました。ＧＳＯＭＩＡの破棄が北朝鮮にとって歓迎すべきことであるのは事実でしょうが、彼らにそこまで臨機応変の対応ができるかというと、私は疑問に思っています。予定通りの打ち上げだったのだけど、日本にとっては「絶妙のタイミング」になった、ということではないでしょうか。

岩屋大臣は、「引き続き、日韓、日米韓の連携を取っていきたいと思っており、そういうオファーはしっかり韓国側にしたい」とも述べました。裏を読めば、「見ろ、さっそく北朝鮮につけ入るスキを与えたではないか」ということ。

手嶋　さりげなく韓国を批判しているわけですね。

佐藤　これも、語りかけている相手は文在寅ではなく、トランプ大統領とみるべきでしょう。「韓国の酷《ひど》さが分かりましたか。我々を信じてくださいね」というメッセージに、私には聞こえます。そうしたことも含めて、日韓の鞘当《さやあ》ては、緒戦では日本の〝完勝〟と言っていいと思います。

GSOMIA破棄を通告した後のことですが、韓国の鄭景斗《チョンギョンドゥ》国防相が十月二日、北朝鮮が発射した潜水艦発射弾道ミサイル（SLBM）に関して、GSOMIAに基づいて情報共有を日本に要請したことを明らかにしました。韓国軍のレーダーでは捕捉しにくい着弾前後の情報の共有を日本側に求めたのでしょう。破棄を通告したとはいえ、GSOMIAは十一月二十二日までは有効だから、韓国は情報共有の要請が可能なのです。

手嶋　新型ミサイルの探知を含めて、緒戦で日本が優位に立ったことは認めますが、長期戦、とりわけ、国際舞台での広報・宣伝外交では韓国は侮りがたい力を秘めています。

自らの首を絞めた韓国の戦線拡大

手嶋　アメリカのトランプ大統領を前にした「日韓の御前試合」で、安倍政権は、報復の連鎖を招くようなものではなく、もっと別の戦い方があったはずと思います。

日韓関係をここまで悪化させてしまった責めは、国際約束を横紙破りにし、次々に無理無体な要求を繰り出してくる文在寅政権の側にある。日本は毅然として韓国の非を鳴らすべきです。そして、日本は道義的な高みに立って、あえて通商などテクニカルな問題で報復に訴えない。そんな外交上の選択肢もありえたはずです。

佐藤　それは、安倍政権の権力基盤を考えると、現実的には難しかったと思います。韓国からああまでやられて何もしなかったら、政権基盤の一つである日本会議のような右派の支持を一気に失う可能性がありましたから。

手嶋　聖書の教えに従い、右の次は左の頬をと言っているのではありません。もっと大きな舞台で対決する道はあったのではありませんか。

佐藤　可能性があったとしたら、徴用工問題で徹底的に戦うという戦術ですね。政府が民間企業を支援して、対抗措置を取る。特にアメリカで法廷闘争になった場合は、政府は日本企業を徹底的に支援する。

ただし、この戦いには、相当なエネルギーが要ります。安倍政権が「決して揺らぐな」と企業の尻を叩き、国内では一大キャンペーンを張って国民を鼓舞する必要がある。具体的には、これでもかと反韓感情を煽るのです。

手嶋　そうすると、海の向こうの火勢もいや増すことになるでしょう。

佐藤　一大プロパガンダ合戦になって、本当に日韓の関係修復が不可能な状況になるかもしれません。それよりも、経済分野でお灸を据えたほうが、日韓関係に与えるダメージは少なくて済む、と踏んだのではないでしょうか。

手嶋　しかし、現実にはお灸は少しも効かず、結果的には東アジアの安全保障に一時は不気味な空白をつくってしまった。安倍政権はやはり重大な結果責任を負わなければいけないと思います。東アジアの安全保障を見守ってきた者として、アメリカを要とする日米、米韓の「三角安全保障システム」に綻びが生じたことが心配でなりません。ひとたび、この「三角同盟」に生じた傷は、ＧＳＯＭＩＡの廃棄を先延ばしにしても決して癒えません。

佐藤　確かに、安倍官邸の読み通りには進まなかった。官邸官僚は「ホワイト国」からの除外で韓国の被るデメリットは大きい。これを発動すれば、さしもの文在寅政権も妥協に向け舵《かじ》を切ってくるはずと読んでいた。ところが、文大統領は日本の行動を「盗人たけだけしい」という表現まで使って批判し、妥協どころか戦線を一気に拡大してしまいました。ならば仕方ない、とＧＳＯＭＩＡ破棄に韓国を追い込んでいったわけです。その意味では、完勝ではあっても、決していい勝ち方じゃない。

手嶋　一方、韓国の側も、ＧＳＯＭＩＡの廃棄は思いとどまったものの、対米関係ではかなり厳しい状況に追い込まれてしまいました。

佐藤　この話の裏返しですが、韓国は戦線を拡大しすぎたと思うのです。今の韓国は、かつての日本軍です。日本がアメリカになぜ敗れたのか。それは国力に大きな差があったからです。ただ、弾を撃ち合ったら、国力の強いほうが勝つでしょう。だから、もし韓国が日本に勝とうと思ったら、全面戦争にしてはダメなのです。歴史認識とかの局地戦に持ち込んで、その戦域で諸外国の支援も仰ぎながら徹底的に攻める。

手嶋　ところが、ＧＳＯＭＩＡという、アメリカも当事者である安全保障分野に打って出てしまった。

佐藤　仮に、日本側のガン無視をぐっと堪えて、「ホワイト国」問題で徹底抗戦していたら、もしかしたら勝機が生まれたかもしれません。ただ、その場合は国民から「弱腰だ」と突き上げられる可能性が大きい。ですから、持ちこたえるのは難しかったと思いますが。

手嶋　実際には、トランプも少しは自分たちの肩を持ってくれるはずという期待は、完全に裏切られてしまい、すっかり「悪者」にされてしまいました。

佐藤　ＧＳＯＭＩＡが失効する秒読みの段階にあった11月22日になって、なぜ、文在寅政権が「いつでも協定の効力を失効させることができるという前提のもと、終了通知の効力を停止させる」という、実にまどろっこしい表現で、協定の破棄通告を延期したのか、その背景を検証してみたいと思います。

手嶋　文在寅大統領の無念の思いがこの声明文に滲《にじ》み出ています。本当は破棄したかったのだが、トランプ政権の圧力を前に妥協せざるをえなかった――と。その一方で、韓国内では「協定を破棄すべきだ」という声は、世論調査では半ばに達していましたから、手ぶらでアメリカの求めに応じるわけにはいきませんでした。

佐藤　文在寅政権は「日本が実施している韓国への輸出規制の強化を巡って、局長級協議を行う」と発表し、こうした協議が行われている間は、ＷＴＯへの提訴手続きを停止することを明らかにしました。文在寅政権は、協定破棄を撤回するには、日本が韓国への輸出規制を撤廃するよう求めていたのですが、安倍政権は断じて応じられないとしていました。そのため、日韓が輸出規制を巡って協議することで折り合ったわけです。

もっとも日韓それぞれの折り合いの程度はだいぶ異なります。韓国は、ＧＳＯＭＩＡの失効を停止するという決定的な譲歩をしています。これに対し日本は、ＧＳＯＭＩＡとはまったくリンクさせない形で韓国がＷＴＯへの提訴手続きを停止したからそれに対応して対話を行うとしています。つまり、ＧＳＯＭＩＡとリンケージさせていない。

手嶋　日韓が直に協議したのではない。トランプ政権が日韓双方に諮りながら取りまとめたのでした。アメリカは「仲裁役」ではなく、東アジアの「日米韓の三角同盟」の当事者として、ＧＳＯＭＩＡの維持に動いたのです。トランプ政権の殺し文句は「協定を破棄すれば、中国や北朝鮮を利するだけだ」。エスパー国防長官、スティルウェル国務次官補などトランプ政権のすべてが動員されて、日韓の説得にあたりました。ＧＳＯＭ

ＩＡが単に機密情報の交換協定でなく、日米安保、日韓安保を補完する重要な役割を果たしていることが窺えます。

佐藤　アメリカがここまで協定維持に真剣になったから、韓国としては譲歩する以外に選択肢がなかったのです。

文在寅大統領も、米韓同盟を事実上破棄する覚悟があれば別ですが。交渉の最終局面では、どうやって面子を保つかが焦点でした。安倍政権が輸出規制を巡る「対話」には応じてもいいと軟化したため、これが落としどころとなりました。安倍政権としては「対話」をするだけですから、僅《わず》かに譲ったにすぎません。

手嶋　北朝鮮と中国の脅威を挙げて、当面は協定をなんとか維持したのですから、今後の対北交渉には少なからぬ影響を与えることになりそうです。トランプ大統領が、北の独裁者と恋に落ちて、米朝首脳会談を実現しながら、北朝鮮の非核化は少しも実現しないどころか、新鋭のミサイル開発・実験はどんどん進んでいます。米朝対話の推進役だったトランプ大統領とポンペオ国務長官が、協定維持の前面に姿を見せなかったのは、米朝対話の負の側面を物語っていると思います。

佐藤　重要な指摘です。トランプ大統領とポンペオ国務長官がどこまで真剣にＧＳＯＭＩＡを維持しようとしていたのかがわからない。ただし、ペンタゴン（国防総省）と国務省の安全保障の専門家たちはこの協定をなんとしても維持しなくてはアメリカの国益が毀損されると考えたことは間違いないと思います。

表面上、ＧＳＯＭＩＡをめぐる危機は回避されたように見えますが、構造的には事態はいっそう深刻化していると思います。韓国人には今回の事態は日本がアメリカをうまく巻き込んで文在寅政権を力でねじ伏せたように見える。その結果、日本に対する韓国人の恨みの感情がいっそう蓄積されることになったと思います。

米朝双方から文政権に「賞味期限切れ」の通告

佐藤　文在寅にとっては、トランプと金正恩が「恋に落ちてしまった」ことも響いていますね。北朝鮮が何より望んでいるのは、自らの体制の保証にほかなりません。それを裏書きできるのは、アメリカしかいないのです。韓国や中国や日本に期待するのは、そのための従順なる仲介者の役割でしかない。
手嶋　金正恩は、仲介者としての文在寅は、すでに賞味期限が切れていると踏んでいるのでしょう。韓国としては「反日共同戦線」をと考えていたのですが、すっかり当てが外れてしまったわけです。
佐藤　光復節で文大統領が「南北協力を通じて、平和経済を建設して韓半島（朝鮮半島）平和体制を構築するために努力している」と呼びかけたのに対する北朝鮮の答えは、「我々は南朝鮮当局者らとこれ以上話すこともなく、再び対座するつもりもない」という、にべもないものでした。文演説で六回も強調された「平和経済」についての金正恩のコメントはさらに辛辣で、「ゆでた牛の頭も天を仰いで大笑いするようなもの」と応じました。朝鮮語のニュアンスに詳しくない私にも、かなり侮蔑的な表現であることは理解できます。
手嶋　二〇一八年三月、ホワイトハウスで「米朝が初めての首脳会談に合意」という発表を記者団にしたのは、なんと「金正恩のメッセージ」を携えてトランプのもとに飛んだ、韓国の鄭 義溶《チョンウィヨン》・国家安全保障室長でした。歴史的な会談を実現させる仲介役を韓国は見事に果たしたのですが、わずか一年で仲介役としての存在感が薄れてしまいました。時の流れは、実に速い。

佐藤　象徴的だったのが、二〇一九年六月三十日に、トランプが朝鮮半島三十八度線近くの板門店に足を運んで開かれた、米朝首脳会談でした。会談そのものが意味するものについては後で論じたいと思いますが、このとき文在寅にできたのは、会談の場所を貸すことだけだったのです。

手嶋　握手して少し話して、写真を撮って、さようなら。

佐藤　アメリカも北朝鮮も、もはや文在寅は「用済み」。「これからは二人でやっていくから、君はもういいよ」という露骨なパフォーマンスを世界に向けて演じたのでした。

植民地支配と旧宗主国の責務

手嶋　刺々《とげとげ》しい日韓の対立では、佐藤さんがいうように日本は緒戦で勝利した。そうなのでしょうが、勝利の評価については見解が違いますね。

佐藤　有識者、専門家の立場として、こうしたシビアな紛争が発生したときに、極力「中立」のスタンスで論じる、という評論のスタイルがあります。もう一つは、AかBかどちらかに軸足を置いたうえで、「今回、私はこういう立場性を持ちながら語っています」ということを明確にして論評する。ご案内のように、私は基本的に後者なのです。

手嶋　私はジャーナリストとして、前者の立場に近いのかもしれません。体験的に、権力、権威の側に寄り添わないほうが、正確な評価を下せるからです。しかし、それは中立とか公正ということではありません。偉そうに聞こえるかもしれませんが、やや高みから冷徹に情勢を俯瞰して、評価を下しているのだと思います。

佐藤　いろんな経緯はありましたが、私は外交官だったので、無意識のうちに国益という観点が頭から離れません。嘘《うそ》はつかないように心がけていますが、日本の国益に不利になるようなことは敢《あ》えて声を大にして言う必要はない、という発想になるわけですね。だから、いままでの評価は、首相官邸に甘いと聞こえるかもしれません。そこは、外交官だった人間の、習い性というか、限界なのかもしれません。

手嶋　いや、実にフェアな、正直な自己評価ですね。我らが「佐藤ラスプーチン」は、これまでだって時に日本外交、時に日本外務省を痛烈に批判してきたではありませんか。だた、私は外交ジャーナリストですが、広義の国益は常に念頭に置いているつもりです。真の国益を考えながら、眼前の事態に向き合っている点では、我々にそう大きな見解の相違はないのかもしれません。

佐藤　そう思います。

重要なことは、「ホワイト国」からの除外も、GSOMIAの破棄も、元徴用工を巡る問題も、我々の目に見えているのは、あくまで「氷山の一角」にすぎないということです。日本の多くの識者にも、メディアにも、そして政治家にも、可視化できていない重要な構造が氷山の下層部分に隠れています。それが刻々と変化している。タイタニック号を沈没させてしまったような氷塊が、水面下で日韓関係を突き上げようとしているんですよ。

手嶋　表層の出来事は視認できますから、日韓両国の指導者も、激突という最悪の事態は避けようとするでしょう。しかし、氷塊が水面下に埋もれているとすれば、凡庸なリーダーでは、危険を察知することができません。

佐藤　氷山の「下部構造」は三つに分かれていると、私は見立てているんですよ。まず一つ目は、戦前の日本の植民地支配にまつわる問題です。

手嶋　朝鮮半島の人々が抱く「恨《ハン》」の感情は、三六年に及んだ植民地支配に深く根差しています。ただ、佐藤さんは、そこに新たな氷塊を見ているわけですね。

佐藤　積年の恨みを抱く韓国は、「日本には反省が足りない」と難じ、日本国内では大多数の人が「すでに解決済みじゃないか」と反論し、一部ですが韓国の主張に呼応する人たちがいる。これは我々に「見えている」部分です。同時に、かつて日本は植民地を持った旧宗主国でもあります。しかし、韓国に対してそういう認識を持つ日本人が果たしてどれだけいるでしょうか。

手嶋　日本という国は、古代から中国文明の周辺部に位置していた島国だったということもあり、「おまえはかつて宗主国だった」と言われても、ほとんどの日本人はピンとこないはずです。

佐藤　かつて先進国として植民地を保有していた国には、旧宗主国としてふさわしい振る舞いがあります。例えばイギリスを見てください。かつての大英帝国は、強大な海軍力を背景に、夥《おびただ》しい数の旧植民地を持っていました。それをいまでも「コモンウェルス」と呼んで、特別な関係を保っています。就労ビザでも優遇措置を講じています。現にヒースロー国際空港を通関するときも扱いが違います。つまり宗主国の責任を自覚しているのです。

手嶋　重要な指摘です。そうやって英語圏の旧植民地を上手に抱え込んでいる。我々は、イギリスという国の一面だけしか見ておらず、この国の懐の深さにもっと目を向けていいと思います。

佐藤　ちなみに、一般的には、英連邦は「コモンウェルス」と訳します。「コモン」というのは「共通」でしょう。一方「ウェルス」というのは「富」「繁栄」ですから、直訳すれば「共栄圏」なのです。その含意はまさしく「大英共栄圏」。名は体を表すといいます。「品格ある帝国主義国こそ英連邦」という発想が、脈々としていまに受け継がれているわけですよ。

手嶋　戦後の日本では、「帝国主義」という語感には、否定的なニュアンスがつきまとっています。しかし、この「インペリアリズム」には一種の倫理性が内包されており、その点もフェアに捉えるべきでしょう。

佐藤　そういうことです。他方、イギリスから見れば「コモンウェルス」の構成員であるはずの隣国、アイルランド共和国。しかし、彼らは「コモンウェルス」などに断固として加わってなるものか、という難しい国でもあります。構図としては、日韓に似ていますね。ただ、それにもかかわらず、欧州連合（EU）ができる前から、アイルランドとイギリスは、パスポートなしで行き来ができましたし、アイルランド領内でも英ポンドはそのまま使うことができました。

手嶋　イギリスのアイルランドに対する支配は、苛烈な搾取と弾圧を伴って、凄《すさ》まじいものがありましたからね。アイルランドのカトリック教徒たちは、いまもイギリスへ刺々しい感情を抱いています。アイルランドのパブで彼らの怒りに接してかくまでと思ったことがありました。それでもなお、イギリスという国は、旧宗主国としての責任を果たし続けてきたのです。

一九二一年、アイルランド島の大部分は、烈《はげ》しい独立戦争の末に、イギリスから独立を果たしました。アイルランド全土ではカトリック教徒が多数を占めていましたが、アイルランドの北部は、プロテスタント教徒が多く、北アイルランドだけは、英連邦にとどまりました。イギリスの国名は、正式には「ユナイテッド・キングダム・オブ・グレートブリテン＆ノーザンアイルランド」です。しかし、北アイルランドにも、カトリック教徒はかなりいて、少数派ながら抵抗を続け、これが北アイルランド紛争の火種となりました。多数派のプロテスタント系住民は英連邦の一員であることは当然だとし、少数派のカトリック系市民は、アイルランドへの帰属を望み、血で血を洗う抗争が、実に三〇年にわたって続くことになりました。北アイルランド紛争がようやく終息したのは一九九八年のことでした。「ベルファスト合意」によって、北アイルランドの武装組織・アイルランド共和軍（ＩＲＡ）の闘争も終息しました。アイルランドと北アイルランドの国境では、人々が自由に往来してきました。

佐藤　その北アイルランドが、いま再び、イギリスを窮地に追い込もうとしています。国民投票の結果を受けて、保守党のボリス・ジョンソン首相は、ブレグジット（Brexit。英国のＥＵ離脱）に向けて、ＥＵ側と交渉を続けています。

手嶋　イギリスがＥＵから離脱してしまえば、状況はこれまでとは一変してしまいます。

英連邦がＥＵから離脱すれば、当然、その一員である北アイルランドも、ＥＵの関税同盟から離れることになってしまいます。そうなれば、アイルランドと北アイルランドの開かれた国境は、閉ざされてしまうことになります。この国境では税関当局による検査が必要になり、開かれた国境は消滅してしまいます。ジョンソン保守党政権としては、ＥＵからの離脱は進めるが、開かれた北アイルランド国境は何とか維持したいと新たな提案を試みて、ＥＵ側と折衝を続けています。交渉期限は秒読みの段階に入っていますが、いまだに解決には至っていません。もともと「バックストップ」(時限措置)といわれたが、どれほど機微に触れる難しい問題を孕んでいるか、我々の想像を超えるところがあるのです。懐が深いはずの旧宗主国、イギリスを苦境に追い込んでいます。

さきほど佐藤さんは、イギリスとアイルランドの関係が日本と韓国の間柄に似ていると鋭い指摘がありましたが、まさにその通りなのです。英国を見舞っている出来事と対比させながら、いまの朝鮮半島を取り巻く情勢を見ていきましょう。

佐藤　「近隣諸国との歴史問題」は、このように常に火種を抱えており、ちょっとしたきっかけで火を噴いてしまいます。英国とアイルランドで起きている問題をしっかり観察することは、おっしゃるように日韓問題をより冷静に捉える意味でも、必ずや役立つはずです。

台湾にはなぜ親日派が多いのか

手嶋　一方で同じように、日本の植民地支配を受けながら、日本に対する姿勢が韓国とは随分異なるのが台湾です。台湾にもむろん反日的な人はいますが、総じて日本に良い感情を持っている。それは多くの人が認める事実です。誤解を恐れずにいえば、旧宗主国としての日本に悪感情を持っていない。先日も台湾に行ってきましたが、やはり何となく人々の温《ぬく》もりのようなものが伝わってきました。そして日本の側も旧宗主国の責務をそれとなく感じている点で示唆的だと感じました。

初期の台湾統治時代には、後藤新平をはじめ優れた人物、地の塩のような技術者たちが志願して現地に赴いたことも大切な背景になっていると思います。ただ、統治が終わった後の対応にも、韓国と違ったものがあったことは忘れてはいけません。

佐藤　その点では、日中国交正常化の過程で日本側が示した配慮も、無視できないと思います。

手嶋　経済的利便を優先し、地政学的リスクを最小限に止《とど》めるためには、「台湾はわが領土の不可分の一部」と主張する中国側の主張を丸呑《まるの》みするほうが、当時の日本側には楽だったはずです。しかし、日中国交正常化の交渉にあたって、日台の国交が断絶した直後に「交流協会」をつくり、事実上の外交関係をきちんと維持したことは大きかったと思います。

佐藤　中国との関係で緊張を抱えながら、台湾には特別の配慮を欠かさなかった。それこそが「旧宗主国の責務」というものです。

手嶋　その通りで、「かつては台湾を植民地として支配していた」という責任感を、田中角栄首相、大平正芳外相という当時の政治指導者も、外交官もきちんと持っていたのですね。台湾とは歴史的経緯が異なるものの、そうした倫理性、度量、あえて言えば戦争責任を超えた思いというものは、残念ながら韓国には向けられてきませんでした。

佐藤　だから、日本の人々は「いつまでも難癖をつけられている」としか思わない。旧宗主国の立場を自覚できて初めて、かつての植民地支配の問題に主体的に向き合うことが可能になると思うのです。

あえて付け加えておくと、「なぜ宗主国の責任を負わなくてはならないのか」という問いには、「それは、旧宗主国だった国の責任なのです」と答えるしかありません。それは、理屈を超えた世界なのです。

手嶋　そうした覚悟が、往々にして大きく世界の歴史を動かす力になるのです。

日本に迫りつつある韓国の経済力

佐藤　「見えない問題」の二つ目は、日韓の国力の接近です。日韓基本条約が締結され、韓国との国交が樹立した一九六五年当時、国民一人当たり名目GDP（国内総生産）は、韓国一〇九ドルに対して日本は九二〇ドル、つまり八倍も開いていました。では今はというと、二〇一八年に韓国三万一〇〇〇ドルに対して、日本は三万九〇〇〇ドルと極めて接近しているのです。

手嶋　半世紀で、韓国は日本にほぼ追いついたわけですね。日本人のどれくらいが、そういう事実を認識しているでしょうか。

佐藤　むしろ韓国のほうが物価は安いので、彼らの皮膚感覚では「追い越した」のかもしれません。韓国は格差社会ですから、インバウンドで日本にやってくる人々は、富裕層が多いでしょう。彼らは、特にそれを実感しているはずです。

手嶋　そういう感覚を持っておくことも、大切だと思います。

佐藤　日本のマンションを見ると、韓国の中産階級上層のほうが大きな家に住んでいるのが分かる。あるいは、極端な競争社会で文理融合の教育を受け、英語力も相当厳しく鍛え上げられている上層部のビジネスマンから見ると、付き合う日本人はあまり優秀に見えない。個々の能力をとっても、日本人よりも我々のほうが優っているのではないか。翻って、国際社会における韓国の地位をみると、依然日本とは雲泥の差がある。自分たちへの評価は実力相応とは思えない——。韓国の人々がそういう思いを募らせても、なんら不思議はないんですよ。

手嶋　経済発展によって韓国の人たちが自信をつけ、それゆえに自分たちに対する評価に不満を抱いている。もちろん、最大の不満の対象は日本、ということになる。

佐藤　分かりやすく言えば、「もう追いついているのに、相変わらず日本は我々をずっと下に見ているではないか」という苛立《いらだ》ちが、徐々に充満しつつあるわけです。

　私がそういう韓国の自信を実感したのは、二〇一二年八月、二代前の大統領の李明《イミョン》博《バク》が竹島に上陸したのを目にしたときなんですよ。

手嶋　韓国政治の中では、親日的なと言っていい大統領でした。

佐藤　にもかかわらず、韓国大統領として初めて竹島に足を踏み入れましたよね。要するに、それをやっても怖くないという感覚が、韓国に芽生えていたということです。その背景にあるのは、経済力をバックにした韓国の自信。私はあの時点で、この問題が可視化されたと見ているのです。

手嶋　でも、あのときに、そうした視点から論じたメディアも識者も、ほとんどいなかったと思いますよ。

佐藤　やはり問題はそこで、そうした韓国の自信、苛立ちを、日本人が全く分かっていない。そこに対して無頓着なことです。

手嶋　それがまた、韓国を苛立たせる、という負の連鎖ですね。

佐藤　そういうことです。現実問題として、外交の基本はニュートン力学だということを忘れてはいけません。量子力学モデルは適用されない、力と力の均衡戦です。日本は人口が多いので、ＧＤＰの総額ではまだ韓国の二・五倍くらいの力があります。ただし、一九六五年時点では、ＧＤＰはざっくり言って三〇倍近く離れていたんですよ。三〇倍が二・五倍まで近づいてきたときに、三〇倍離れていた当時の均衡戦は、成立しないのです。

手嶋　片手でも勝てた綱引きが、なんとなくそうではなくなってきた。そういう場合には、相手との向き合い方を見直す必要があるということですね。

佐藤　最も大事なのは、手ごたえを感じた相手の発想は、一方的にやられていたかつてとは違うのだ、というのを理解することです。

　例えば、韓国人が「生活水準に八倍の差があった時代に結ばれた日韓の基本条約や請求権協定は不当なもの」と感じても、それ自体に不思議はないということです。「もうとっくに済んだことだ」と言う日本人には、幕末に日本が欧米列強と結んだ「不平等条約」を思い出してほしい。明治の日本は国力がつくと、その不当性に非を鳴らしたでしょう。

手嶋　慰安婦や元徴用工問題に関する韓国の主張を認めるかどうかとは別に、そうしたいまの韓国の人々の気持ちの変化を正確に理解することは極めて重要です。隣国が持つようになった自信に、ちゃんとした経済力の裏付けがあることは理解しなくてはいけません。そこは冷静にみておくべきでしょう。

第2章

韓国を中国大陸に傾かせた東アジア地政学

三十八度線は消え、韓国は「半島国家」に変貌

手嶋　なぜ、日韓関係はかくも悪化の一途を辿《たど》ってしまったのか。さらに踏み込んでいえば、どうして西側陣営の一員だった韓国が、これほどまで反日的な姿勢を露わにするようになったのか。

「水面上に覗《のぞ》いている氷山の一角」を眺めていても事態の本質は捉えられない――これが「佐藤ラスプーチン」の見立てでした。水面下には三つの重大な要因が隠れていると喝破しました。まず、第一は、日本がかつて植民地として朝鮮半島を支配した旧宗主国としての自覚を根底から欠いている。そして、第二は、戦後の目覚ましい経済発展によって培われた韓国の自信をも見逃している。この二点を挙げましたが、いよいよ、氷山の下に隠れた三つ目の問題に入りましょう。

佐藤　第三は、冷戦の終結後も半世紀にわたって西側陣営の一員として「海洋国家」で

あり続けていた韓国が、東アジアの地政学的な変動によって「半島国家」に再び変貌してしまったことです。

手嶋　「海洋国家」の典型は、イギリスや日本ですね。四方を海に囲まれ、交易によって栄えてきました。その命綱である海の交易路、シーレーンを守るために、強力な海軍力を備えてきました。一方、「大陸国家」の典型は中国です。そして朝鮮半島は中国大陸の外延部に位置して、大陸から海洋に突き出した「半島国家」だった。ところが、韓国という国家は、冷戦という特異な戦略環境に置かれて、事実上の「海洋国家」であったものが、東アジアに起きた重大な地政学的な変動によって、再びもとの「半島国家」に変貌してしまった。

佐藤　なぜ、このタイミングで日本と韓国の関係が「破裂」してしまったのか。それを読み解くカギが、東アジアに起きた地政学的な変動だと考えています。「海洋国家」から「半島国家」への変貌こそ最重要のファクターなのです。

手嶋　ドナルド・トランプという「異形の大統領」が突如として国際政局に姿を現し、北朝鮮の独裁者と初めての米朝首脳会談を持ったことで、朝鮮半島の戦略バランスに一種の「ドミノ現象」を引き起こした。これこそが、佐藤さんの指摘する「地政学的変動」を引き起こし、朝鮮半島をめぐる「力の均衡」に思いもかけない変化を生じさせてしまった、というわけですね。

佐藤　その通りです。具体的な事例を詳細に検証する前に、ここで、地政学における「海洋国家」と「大陸国家」について簡潔におさらいしておきましょう。「海洋国家」は、経済力をテコに国力の増強を図ってきました。そのとき、大切なファクターとなるのは、海洋を存分に使って貿易をするための海外の拠点、良好な港を持っておく、いわば世界に拡《ひろ》がるネットワークなのです。

手嶋　大航海時代は、ポルトガルやスペイン、近代に入るとイギリスやオランダが有力な「海洋国家」として仲間入りし、二十世紀に入ると、日本やアメリカが「海洋国家」として台頭してきました。「海洋国家」とは、日本やイギリスのように周囲を海に囲まれた島国に限らず、海を舞台に交易によって栄えてきた国々を言うのです。

佐藤　かつての二次元世界では、海外に良好な港を確保し、海の交易路であるシーレーンを構築することに心血を注いできました。やがて、これに航空路が加わって三次元のネットワークが構築されていきます。加えて、現代では、サイバー空間と宇宙空間を加えなければなりません。こうしてネットワークの空間は果てしなく拡がっているのですが、海洋国家的な発想が依然として重要です。つまり、自国の領域を直接支配するのではなく、優れたネットワークを編みあげた者こそ、時代の覇者になる。

手嶋　いまでは、サイバーと宇宙という二つの空間こそが、二十一世紀の安全保障の主戦場になりつつあります。「ネットワークを築きあげる」という海洋国家的な発想がその土台になっていますね。最近では、ネットワークを編みあげる主体は、もはや国家だけではありません。ＧＡＦＡ（グーグル〔Google〕、アップル〔Apple〕、フェイスブック〔Facebook〕、アマゾン〔Amazon〕の四社）といわれるサイバー空間の巨人たちが担いつつあります。

佐藤　他方で、地政学的な大陸国家の典型は、中国やロシアです。これらの国は、強大な軍事力を背景にして領土を拡張し、国力を高めようとしてきました。このように、大陸国家と海洋国家は全く別のモデルであるため、しばしば軋轢を巻き起こすのです。

手嶋　そこで、朝鮮半島について考察をすすめると、半島の南半分を構成する韓国は、地理的には中国大陸と地続きですから「大陸国家」の一類型である「半島国家」ということになります。海に突き出た半島の場合は、当然のことながら、「海洋国家」と「大陸国家」の性格を併せ持っています。それがまた、両者の綱引きの場にもなってきました。まさしく一九五〇年には、「海洋国家」の雄、アメリカと「大陸国家」の両雄、ソ連と中国の代理戦争が、朝鮮半島を舞台に繰り広げられたのでした。

佐藤　朝鮮戦争が休戦になって、一九五三年に三十八度線上に軍事境界線が引かれると、地政学上の位置づけは一変しました。韓国は事実上「島国」、つまり「海洋国家」に変貌を遂げたのです。

手嶋　うーん、いよいよ、佐藤ラスプーチン流の地政学は、脂がのってきましたね。

佐藤　地図の上では確かに韓国は、朝鮮半島の南半分を占めていますが、韓国から大陸に向かおうにも、そこには三十八度線に分断されて、北朝鮮が分厚い壁として立ちはだかっている。大陸と交易しようにも、ヒト・モノ・カネの移動が物理的に不可能になってしまった。そのため、韓国経済を発展させようと思えば、海洋に進出し、海洋国家的な発想で国家の発展を図るほかなかったわけですね。地政学的に「他策」はなかった。

そして、これは、海を挟んで隣り合う日本にも大きなメリットをもたらしました。

手嶋　海洋国家たる道を選び取った韓国は、同じ海洋国家である日本、アメリカと価値観を共有することになっただけではありません。二十世紀の覇者となったアメリカを軸に日米安保、米韓安保という「三角安全保障同盟」のシステムで結ばれることになったのです。繁栄の基盤はこれによって定まりました。

佐藤　そうなのです。言い方を変えると、朝鮮半島に出現した「軍事境界線」のおかげで、日米韓という繁栄のネットワークが誕生したというわけです。

手嶋　そうした北東アジアにあって、東側陣営の中国とソ連は、北朝鮮を挟んで、日米韓の「三角安全保障同盟」と対峙する構図ができ、力が均衡することになりました。

佐藤　ところが、冷戦が終わって四半世紀、アメリカのトランプと北朝鮮の金正恩が突然の恋に落ちたことで、再び朝鮮半島の地政学が大きく揺らぎ始めたのです。冷戦が終わっても依然として凍りついたままだった朝鮮半島の軍事境界線は、二人の恋人同士がかつての朝鮮戦争をいまの「休戦状態」から「完全な終戦」に切り替えると合意すれば、当然、消えてなくなります。いまは、金正恩は、文在寅に冷たい態度を取っていますが、米朝が最終合意にいたり、体制の危機から脱すれば、境界線の消滅から莫大な経済的利益を得られます。そのためなら、喜んで南に門戸を開放するはずです。韓国からすれば、境界線という頸木《くびき》から解かれて、中国大陸と直でつながるのですから、大きな経済チャンスも訪れます。韓国はこうした潮流を先取りして、はやくも中国大陸に傾斜し始め、その結果として、本来の「半島国家」に戻り始めていると見るべきです。

中国という後ろ盾を得て、大陸を志向する韓国

手嶋　大陸にどっしりと根を張る中国は、ただでさえ周辺の地域に巨大な引力を及ぼしています。韓国が「半島国家」の性格を強めていけば、いっそう中国に引かれていく可能性がありますね。日本やアメリカの「海洋国家」と中国やロシアの「大陸国家」の綱引き。そうした情勢のもと、新興の軍事・経済大国、中国が持てる引力をぐっと増し、中国の勢力圏に文在寅の韓国を引き寄せていくかもしれません。

佐藤　これまでの常識からすれば、読者の皆さんは「まさか」と思うかもしれませんが、

韓国が軍事境界線を気にせず北と往来できるメリットは、計り知れないものがあるのです。ヒト、モノ、カネが自由に行き来するだけではない。石油や天然ガスのパイプラインは、中国、ロシアとつながることも可能になります。

手嶋　これまで海洋に大きく依存していたヒト、モノ、カネの流れは、大きく変わっていく。韓国は「半島国家」として地の利を存分に引き出す可能性を秘めているわけですね。

佐藤　かくして、韓国というこれまでの「海洋国家」は、朝鮮半島の変容に応じて、急速に「大陸国家」の一群にシフトしていこうとするでしょう。それは、地政学的な必然と言ってもいいかもしれません。そうなると、朝鮮半島を舞台に「海洋国家」対「大陸国家」の本格的な綱引きが展開されるでしょう。

手嶋　日本からすれば、かつての植民地支配の負の遺産やそれにまつわる双方の国民感情、それに文在寅という政治指導者の北志向の政治信条などに目を奪われて、北東アジアの大きな構造変化を見失いがちです。日本と韓国がここまで関係が悪化した背景には、大きな地殻変動があるのです。こうした視点を持つことが大切だと思います。日韓両国は、経済的、文化的なつながりは深くて広い。その絆を簡単に断ち切っていいわけがありません。安全保障の観点からも、韓国という重要なプレーヤーが、いともたやすく中国に丸ごと呑み込まれてしまっていいわけがない。ただ、日本国内には「そうは言っても、韓国にも中国への警戒心はあるはずだ。簡単に中国に傾斜していくことはないだろう」という声も聞かれます。

佐藤 そう事態を軽く見るわけにはいきません。前著でも紹介した戦略専門家、ロバート・D・カプランの著作『地政学の逆襲』が、その答えになるでしょう。「北東アジアにおけるアメリカ軍の地上兵力が縮小するなか、朝鮮半島は将来的に大中華圏にくみ込まれる可能性が高い」。その理由として「朝鮮にとっては中国よりも、朝鮮半島を一九一〇年から一九四五年まで占領していた日本への憎しみの方がずっと強い」「経済の牽引力は、日本より中国の方が強い」と指摘しています。いずれも核心を衝いた指摘です。

手嶋 アメリカの戦略専門家は、冷めた眼力で世界の情勢を見ていますから、過去の常識にとらわれず、近未来の姿を予測できるのでしょう。カプランがこの指摘を公にしたのが二〇一二年です。韓国はいまだ「海洋国家」であり、中国は「一帯一路構想」を世に問う前のことです。その慧眼には「インテリジェンスの業」のエッセンスがきらりと光っています。

佐藤　そうした韓国の「半島国家」化が、ここにきていよいよ現実味を帯びてきたのは、やはりドナルド・トランプ大統領の「功績」です。（笑）

手嶋　本人は米朝対話でノーベル平和賞を熱望し、安倍首相にも推薦状を頼んだほどです。しかし、日本やアメリカにとって重要な同盟国である韓国を、中国の側に押しやる役割を果たしているのですから、その意味では「イグ・ノーベル賞」どころか、「逆ノーベル平和賞」でもあげたいくらいです。（笑）

佐藤　彼が主導した米朝接近によって、近い将来、半世紀以上にわたって閉ざされていた北への扉が開く可能性が出てきた。そうした情勢のもと、韓国という国には「日本に対抗しても大丈夫だ」という集合的無意識が芽生えた、と私はみています。集合的無意識というのは、ユング心理学の用語で、簡単に言うと「個人の意識の領域を超えた、民族などの集合の持つ無意識」のことです。

第1章で「日本が韓国をＧＳＯＭＩＡ破棄に追い込んだ」という話をしました。とは言え、韓国側にも、一方的に破棄したりすればアメリカから睨《にら》まれる危険があることは、ある程度予想ができたはず。それを織り込んで強行した裏には、「アメリカにだって対抗できる」という集合的無意識が働いていたのではないかと思うのです。

手嶋　国家の意思は、民主主義のもとでは一応、選挙で選ばれたリーダーが民意を踏まえて決めることになっています。大統領制であれ、議院内閣制であれ、議会もありますから、リーダーの決定のプロセスは、ある程度、可視化されます。しかし、佐藤さんが指摘した「集合的無意識」は、韓国民衆の深層部にうごめくマグマのような集合の意識です。「我々には、古来から、中国という後見人がいるじゃないか」という民衆の集合的無意識が徐々に頭をもたげ始めているのでしょう。

佐藤　冷戦の残滓として、朝鮮半島の南端に取り残された「島国」は、海洋国家として日本やアメリカと行動を共にする以外に道がなかった。しかし、中国大陸とじかにつながれば、別の展望が拓《ひら》けてくる。そうした地政学の変動を先取りした集合的無意識が、韓国を無謀とも思える戦線拡大に走らせている。そこまで踏み込まないと、いま我々の眼前で生起している事態を精緻に読み解くことはできないと思うのです。

手嶋　西欧には「国家理性」、フランス語で「レゾン・デタ」という言葉があります。一国が生き残りを賭けた、安全保障の至高の原則とも説明されます。ルネッサンス期のイタリアが生んだマキャベリがその思想を深め、フランスのリシュリュー卿が身をもって実行してみせました。しかし、国家の生き残りのために、常に怜悧にして理性的判断を下すだけでない。皮肉なことに、「国家理性」には、民衆の集合的な無意識も含まれています。時に、国際情勢に通じた国家官僚より、国を突き動かす原動力になることがあります。いまの韓国を突き動かしているのは、そうした民衆の「集合的無意識」なのかもしれませんね。

佐藤　ひとつの国家が意図的に推し進めていることなら、それに関して議論したり、やめさせたりすることも可能です。しかし、無意識のレベルでマグマのように行動する場合は、そうはいきません。韓国という国の深層部には、「日米など何するものぞ」という集合的無意識が滓《おり》のように蓄積されつつあり、次第に支配的になっているのかもしれません。

手嶋　そこで、韓国に「頼られる」ことになる習近平の中国は、果たしてどう応じるでしょう。韓国が北京に自ら進んで恭順の意を示せば、後ろ盾になるかもしれない。しかし、安易に韓国側についても、現状ではあまり得にならないと踏んでいるはずです。

佐藤 いま慌てて火中の栗を拾って、アメリカとの対立をさらに深めることは得策にあらずと考えているでしょう。ただし、長い目で見れば、朝鮮半島を大中華圏に組み込むことには、大きなメリットがあります。習近平が提唱する「一帯一路構想」は、大中華圏構想ですから、当然ながら朝鮮半島は視野に入っています。

手嶋 ドナルド・トランプという特異なリーダーは、現在のことにしか関心を持ちませんので、中国が朝鮮半島をすっぽり勢力圏に組み込む扉の鍵を親切にも開けてしまったという意識は寸毫も持っていないに違いありません。

そして三十八度線は「南下」する

手嶋 米朝合意が成立して朝鮮戦争が終結すれば、南北の軍事境界線が解消される。それが韓国の半島国家化を推し進めるという重要な考察ですが、戦争終結の軍事的な影響は、三十八度線がなくなるだけにとどまりません。同時に、在韓米軍の撤退が現実味を帯びてくるわけですね。

佐藤　そもそも在韓米軍は、朝鮮戦争の際に派遣されたのですから、正式に戦争が終われば、そこに駐留する理由を失うことになります。

手嶋　自腹を切ってまでなぜ外国に自国の軍隊を置いておくんだ——トランプという大統領は、無駄な出費をとりわけ嫌がるタイプです。なにしろ、不動産業を営んできたのですから。将来、在韓米軍がいなくなる可能性は決して低くありません。

佐藤　北朝鮮との平和条約の締結というのは、「無駄遣い」を嫌うトランプ大統領に撤退の口実を与えるでしょう。大統領自ら「アメリカ・ファースト」を提唱し続けた効果で、アメリカ国内が「内向き」になっている、これも好都合です。撤退しても、世論の大きな反発を招くことはないと踏んでいるに違いありません。しかし、アメリカの同盟国である日本にとっては、極めて憂慮すべき事態となります。

アメリカの立場になって考えてみると、在韓米軍の撤退に伴い、東アジアには三十八度線に代わる防衛線の再構築が必要になります。『米中衝突』でも論じたのですが、それは「新アチソンライン」とも呼ぶべき新防衛線と思います。

手嶋　「アチソンライン」というのは、冷戦のさなか、一九五〇年に当時のトルーマン政権の国務長官、ディーン・アチソンがワシントンで演説して提唱したアメリカの対共産圏の防衛線でした。

佐藤　アメリカが責任をもって防衛を担うのは、アリューシャン列島から日本列島、沖縄、フィリピンに至る内側のラインだと明言したのです。

手嶋　この「アチソンライン」から除外された重要地域が韓国と台湾でした。朝鮮戦争を誘発したのが、このアチソン演説だったという訳ですね。

佐藤　東側陣営は「アメリカは朝鮮半島に軍事介入しない」というシグナルと受け取り、北朝鮮の金日成軍の南への侵攻を許したのでした。果たして、北朝鮮軍は、アチソン演説から五ヵ月後、三十八度線を突破して、韓国に雪崩を打って侵攻していきました。

手嶋　ちなみに、「アチソンライン」では、台湾も同じく防衛ラインの外に置かれていました。その証拠に、トルーマン大統領は「台湾不干渉声明」を出しています。

佐藤　ところが、朝鮮戦争が勃発し、米軍がそこに参戦するに至って、アメリカは方針を転換し、「台湾海峡防衛」に舵を切ります。こうした経緯を経て、「アチソンライン」は反古《ほご》になり、朝鮮戦争の休戦後は、現在のような防衛線が固定化されてしまったのです。

手嶋　しかし、いまその「アチソンライン」が亡霊のように蘇りつつある。トランプが志向するように、在韓米軍が撤退すれば、朝鮮半島全域が再びアメリカの防衛線の外に置かれてしまいます。

佐藤　一方、台湾はいまのところ防衛ラインの内側に置かれている。そこで、我々は「新アチソンライン」と呼んでいます。

手嶋　そうなれば、「東西両陣営の境界線」は一気に対馬海峡まで南下してしまいます。日本はアメリカの防衛線のフロントに位置することになる。中国を後ろ盾とする朝鮮半島にじかに対峙することを余儀なくされてしまいます。

佐藤　貿易戦争の域を超えて激化する『米中衝突』のグレートゲームの最前線に日本が押し出される——。我々が直面する脅威は、そういう性格のものだということを心得るべきでしょう。

「日米韓同盟」の綻びを鋭く衝く中ロ両国

手嶋　いまこそ、我々には、東アジアで繰り広げられているグレートゲームを俯瞰する視点が求められています。そうした戦略環境のなかで、この先はどうなるかわかりませんが、ＧＳＯＭＩＡを解消することが、果たしてどんな意味をもつのか。考察しておきたいと思います。北朝鮮はＧＳＯＭＩＡの解消通告を見据えながら、新型のミサイル発射実験を繰り返しました。アジアの公共財である「日米韓の三角同盟」が劣化しつつあることを見透かして、国連決議違反を繰り返しています。

佐藤　今回の韓国の措置は、アメリカなど関係国の眼前で大喧嘩をしたあげく、絶縁状を叩きつけたようなものですから、北朝鮮が弱みを衝いてくるのは当然と覚悟しなければなりません。

手嶋　中国にもロシアにも北朝鮮にも、この地域における西側の安全保障体制の綻びが、可視化されてしまったわけです。残った日米韓の間接的な情報交換のシステム「ＴＩＳ

Ａ」にも影響がでるのは避けられません。

佐藤　このＴＩＳＡにもサード・パーティー・ルールが適用されます。韓国がアメリカにミサイル情報を提供する際、「これは日本には渡さないでもらいたい」と言ったら、アメリカは日本に流すことはできない。

手嶋　信頼関係が崩れているなかでは、韓国も日本も情報を仲介するアメリカに多くの条件を付けることは容易に想像できます。従ってＴＩＳＡの機能も総じて弱体化すると見るべきでしょう。

佐藤　日韓が直接やり取りするＧＳＯＭＩＡと違って、ＴＩＳＡは相手がどれだけの情報を持ち、そのうち何を提供しているのか見えないのです。パイプの内部が腐食して機能不全に陥っても、表面上それが見えない。実は怖いことです。

手嶋　国際政局というのは、本当に苛烈なものです。現に、中国、北朝鮮、ロシアは、日韓の柔らかい脇腹を衝きつつあります。北朝鮮は、次々に誘導装置付きの新鋭短距離ロケットを打ち上げていますし、七月下旬には、東シナ海と日本海で、中ロ両軍が共同で軍事訓練を行いました。なんと日韓が領有権を争う竹島周辺に、ロシアが軍用機を飛ばしたのです。

佐藤　ロシア機が竹島の領空を侵犯し、中国機はその周辺を飛行した。

手嶋　中ロ両国が日韓の弱点を見透かして衝いて見せたのです。

佐藤　こんな事態が起ころうとは、防衛省や安全保障の専門家の誰が予想したでしょうか。想定を遥かに超える事態が起きつつある。そんな時代に突入してしまったと覚悟すべきです。

手嶋　このとき、韓国軍機はスクランブル発進をして、ロシア軍機に対して三六〇発の警告射撃を試みました。

佐藤　警告とはいえ、実弾の機銃掃射でしたね。

手嶋　問題は、このときの日本政府の対応です。外交当局は、領空侵犯したロシアと、そこで警告射撃をした韓国に、形ばかりの抗議を申し入れただけでした。

佐藤　インテリジェンスの観点からすると、「事件」後、韓国大統領府は、「領空侵犯は意図的なものではなく計器の故障だった」とロシア側が伝えてきた旨の発表を行いました。ところが、ロシアが「そんな事実はない」と領空侵犯自体を否定すると、それへの反論はなし。最初の発表に関しては、韓国の「フライング」の可能性が高いと言えるでしょう。私がモスクワの日本大使館にいたら、集中的にその関連についての情報収集を行って、「韓国とロシアの間では、どうやらかなりの亀裂が生じているらしい」と親しい記者にリークしたと思います。そうやって、韓ロにくさびを打ち込んでおく。ロシアの関係者に対しては、「よりによって実弾を発砲されるなんて、相当軽く見られているな」と、大いに煽りたてる。（笑）

手嶋　ところが、日本外交は、及び腰で韓ロ双方に形ばかりの抗議を伝えただけ。これも、自民党などからの突き上げに備えて、及び腰で済ませたのが実態に近いと思います。佐藤ラスプーチン流の情報戦など望むべくもありません。日本は毅然とした姿勢は何も示していない。現下の東アジアの情勢は、外務官僚が用意した応答要領を、官房長官が記者会見で読み上げて事足れりという、「箱庭の安全保障」で対応できるほど甘くはありません。案の定、日本の抗議は、関係国から冷笑をもって迎えられました。

佐藤　確かに、政府、外務省の対応は不十分だったと思います。あの件に関しては、日韓両国が領有権を主張し、韓国が実効支配する竹島が舞台の出来事でしたから、韓国とロシアへの対応を分けて行うべきでした。

韓国に対しては、強い抗議でいいでしょう。ロシアに対しては、領空侵犯の真意を注意深く探る必要があります。なぜ竹島のようなところに飛来したのか。北方領土問題と竹島を絡めようとしているのか、見定める必要があるからです。そのうえで、「日ロ関係の全体の発展に向けた阻害要因になる行為には、懸念を表明する」と釘を刺しておく。いずれにしても、何もしないというのは問題ですよ。

手嶋　日本列島を取り巻く戦略環境がここまで変化しているのに、これまでの惰性で「箱庭」から出ようとしない。そんな日本の姿を見て、大陸国家たる中国、ロシアは、脇腹だけでなく、今度は心臓部を衝いてくるかもしれません。

佐藤　そこは警戒が必要ですね。おっしゃるように、情勢が変化しているのだから、それに対応した外交が求められています。

イギリスの力を認識せよ

手嶋　外交の惰性を排すという意味で、今あえて強調しておきたいのが、イギリスの重要性だと思います。

佐藤　確かに、これからのニッポンにとって、イギリスの存在は極めて重要です。でも、これまではあまり語られてきませんでした。

手嶋　先日もイギリスに滞在し、三十歳前後の若者たちと議論してきたのですが、さすが七つの海を支配した人々のDNAを受け継ぐ人たちだと感心しました。法廷弁護士、首相補佐官、投資銀行家、研究者など、そろそろ重要な仕事を任されつつある若手たちですが、ブレグジットという災厄が、イギリス社会を、そして自らの人生を見舞うなかにあっても、実に冷静な、抑制の利いた姿勢を示していました。もちろん、彼らはごく少数派の知識層に属しており、いまのイギリスの平均値からはかけ離れた存在なのですが、これほどの人材を擁する国が簡単に衰退するとは思えません。痩せても枯れても「大英帝国」の系譜を継ぐ存在であり、安全保障の観点からも注目すべきプレーヤーです。イギリスのかつての植民地だったアングロサクソンの英語圏五ヵ国、すなわちイギリス、アメリカ、カナダ、オーストラリア、ニュージーランドは、〝ファイブ・アイズ〟と呼ばれる諜報ネットワークで強固な連携を保っています。世界中に張りめぐらせたシギント（電波・通信情報）の設備を相互に利用し、インテリジェンスを共有する「UKUSA協定」を結んでいます。世界最強の諜報網といっていい。

佐藤　「シギント」とは、電波・通信の傍受による情報収集活動のことですね。その「ファイブ・アイズ」と日本、ドイツ、フランスの三国が連携して、中国などのサイバー攻撃に関する情報を共有する枠組みづくりに乗り出したという報道がありました。

手嶋　ただ、そのレベルを超えて、日本は、「ファイブ・アイズ」の一員となり、「シックス・アイズ」の正式メンバーになる必要があります。具体的には、アメリカを介して「是非とも日本をメンバーに」とイギリスを説き伏せるべきでしょう。

佐藤　中国や朝鮮半島の状況を見れば、日本を正式なメンバーに迎えることは、その情報収集能力からみて、英米側に大きなプラスになるはずです。

手嶋　そう、適宜、インテリジェンスを交換する、といったレベルでは到底十分ではありません。インテリジェンス・コミュニティーの戦略的パートナーになる必要がありま す。

佐藤　「ファイブ・アイズ」と連携できれば、日本の得るものも大きいですね。同時に、英米のスタンスに違いがあるというところも、実は大切なのです。例えば、朝鮮戦争開戦前の段階で、イギリスは毛沢東政権を中国の正統な代表として認めていました。香港を保全する必要がありましたから。一方、アメリカは、国民党の蔣介石政権を正統な政府としていました。同じ西側の第二次世界大戦の戦勝国でありながら、これだけの違いがありました。

手嶋　イギリスと情報面で新たな協力体制が整えば、「アメリカ一辺倒」とは違う、外交・安全保障の懐がぐんと深くなります。

佐藤　イギリスは、北朝鮮の首都・平壌に大使館を持っており、朝鮮半島で、独自のインテリジェンス活動を展開しています。

手嶋　ケンブリッジ大学では、若い北朝鮮の外交官を受け入れて教育していました。こういう人的なネットワークは、後に大きな役割を果たすことがあります。イギリスとのインテリジェンス協力は、ＧＳＯＭＩＡの破棄の後、それを埋め合わせる役割を果たしてくれると思います。

日韓基本条約の改定の可能性

佐藤　さて、日韓の激突の行方について、最後に論じましょう。緒戦では日本が圧勝したと私は言いました。しかし、中長期的にも日本が優勢かといえば、そうとは言い切れません。とりわけ日韓基本条約の改定が問題になる可能性があると思います。

手嶋　一九六五年に、時の佐藤栄作政権と朴正熙《パクチョンヒ》政権がこの条約を結ぶことで、日韓はようやく国交樹立を果たしました。日本はこれですべてが決着したと安心しているかもしれませんが、相対的な国力を高めた韓国側が今後、これを「不平等条約」と訴え、改定を迫ってくるかもしれない。

佐藤　そうです。同時に、日本の側から改定を提起しなくてはならない場合も考えておいたほうがいいでしょう。

手嶋　戦後の日韓の基本的な関係を定めた条約は変わるはずがないと大半の論者が思い込んでいる節がありますね。

佐藤　実は、この条約には、大韓民国政府が「朝鮮にある唯一の合法的な政府である」と明記されています。裏を返せば、北朝鮮はそうではない、ということです。そう遠くはない将来、米朝が平和条約を締結することになれば、日朝の間にも平和条約が結ばれる日が来る。そうなれば、現在の条約にある韓国が「唯一の合法的な政府」というくだりは見直さなくてはならなくなります。

手嶋　日本も北朝鮮を合法政府と認めなければ、国交は結べません。

佐藤　日韓関係の基本的なフレームを変えるのですから、分かりやすく言うと、韓国に仁義を切る必要が出てきます。そのときに、「日本の言い分は、分かった。その代わり過去の歴史認識に関しては、今後、北朝鮮と同じスタンダードを採用してもらう」と迫られるかもしれません。北朝鮮の要求する「過去の歴史認識」が、日韓基本条約のレベルで留《とど》まるとは、到底思えません。

手嶋　六五年当時よりシビアな形で「日本の過去の責任」を突き付けられる可能性がありますね。

佐藤　そう、そうしたやり取りを通じて、いまの日韓関係の位相が逆転する可能性が捨てきれません。慰安婦や元徴用工の問題は、歴史認識が関わっていますが、その一方で「非歴史的（ahistorical）な問題」、すなわち過去に起きた歴史上の出来事ではなく、現在進行中の問題と受け止められていることにも注意を払う必要があります。つまり、いまこの瞬間に同じような出来事が行われたら、先方がどう受け止めるのか。常にそうした視点が重なってくる微妙な問題なのです。

第二次世界大戦において、韓国は敗戦国ではないけれども戦勝国でもないという、本来の意味での第三国です。しかし、大韓民国臨時政府は、連合国の一員となっていたというのが、彼らの物語なんです。

手嶋　フランスのドゴール派は、駆け込みで「戦勝国」に名を連ねた例があります。

佐藤　そう、「戦時中、自分たちはアメリカや中国と同じ側だった」という自己理解を持っているのです。その物語は、ある程度、アメリカ人や中国人を説得できてしまう可能性があります。そうすると、戦争に関わる歴史認識の問題がシビアな形で出てきた場合、連合国の「敵国」であった日本にとっては、非常に不利になってしまいます。この問題を巡って戦勝国の対日包囲網ができてしまうかもしれない。

手嶋　確かにその可能性は否定できませんね。

佐藤　竹島問題にしても、あの時点でさえ「紛争処理事項として棚上げする」という形で日本は妥協を強いられたわけですから。さらに韓国に有利な「修正」を迫られる可能性があるのです。そうした重い問題を孕む「日韓新基本条約」が、我々の前途に待ち受けていることを決して忘れてはいけないのです。

手嶋　「基本条約」と同時に結ばれた「日韓請求権協定」に基づいて、日本は韓国に五億ドルの経済支援を行いました。この「五億ドル」という金額も、火種として燻《くすぶ》り続ける可能性があります。当時は一ドル＝三六〇円の固定相場の時代ですから、しめて一八〇〇億円。当時の物価水準を考えれば確かに大金なのですが、現在の感覚では「巨額の支援」と言えるかどうか。

佐藤　北朝鮮との国交正常化交渉では、経済協力のレートもぐんと跳ね上がって、かなり巨額になるでしょうね。

手嶋　二〇〇二年、小泉純一郎首相が訪朝して金正日朝鮮労働党総書記と「日朝平壌宣言」をまとめたときには、水面下では支援額は「一兆円」と言われました。いまではその数倍が通り相場でしょう。いずれにしても、六五年に韓国に支払った額とは桁違いになるはずです。韓国からすれば、「このギャップをどうしてくれる」となり、不満を募らせるに違いありません。

こうした戦略環境を考えると、安倍官邸が熟慮を重ねて先を読み切り、碁盤に「ホワイト国から除外」という石を置いたとは、僕にはどうしても思えないのです。

佐藤　確かに、今論じたようなところまで念頭に置き、精密なシミュレーションを経て対応を打ち出したとは、私も思いません。ただ、外交には反射神経も必要です。そしてツキも欠かせません。万が一、トランプが日本の対応を批判するような展開になっていたら、状況はガラリと変わっていたでしょう。結果的に、日本政府の打つ手が面白いほど当たったということです。

現状をみるならば、安倍政権の側には、いろんな政策の選択肢が残されています。一方、GSOMIAを破棄すれば、韓国には手持ちのカードがほとんどなくなってしまいます。日本も緒戦の勝ちに奢《おご》るのではなく、むしろ勝ち過ぎて韓国をかなり追い詰めていると謙虚に構えることも必要になるでしょう。

主体的な基本条約改定を展望せよ

手嶋　追い詰められた韓国の出方には、注意を払わなくてはなりません。日韓関係がここまで険しいものになると、偶発的であれ、武力衝突が起きることもあり得ます。

佐藤　実践的な課題として、武力衝突だけは避けなければいけません。「韓国と戦争になるはずがない」と多くの人が思っているのですが、それが危ないのです。北朝鮮、中国、ロシアに対しては、防衛の現場レベルに軍事衝突に備えるマニュアルが存在します。

手嶋　それらの国とは、軍事衝突はあり得るという認識がありますから。

佐藤　そうです。でも、これまでは友好国だった日韓にはそんなものはありません。だから、想定外の事態が起きたときに、意図せざる状況に発展する恐れがあるのです。

手嶋　危機に対する心構えは「想定できない事態にこそ備えておけ」の一点に尽きるのです。

佐藤　さりとて、押っ取り刀でマニュアルを作り始めたりしたら、その情報が洩《も》れて、さらに火種になる可能性がある。いまの防衛省がその手の秘密を守れるのか、非常に心もとないものがありますから。

現実的なことを言えば、何かあっても「現場」で押さえてしまうことが大事になるでしょう。日韓では、防衛交流も進んできたのですから。

手嶋　軍の上層部に上げると面倒なことになりかねない、現場で冷静に対処せよということですね。

佐藤　いろんな知恵を働かせて、最悪の事態だけは避けなくてはいけません。そのためには、「間違えたら、最悪の事態もありうる」という緊張感を持った現状認識を持つことが必要です。

手嶋　国レベル、外交レベルの対話は欠かせませんが、もう一つ重要なのが、日韓両国の国民感情です。

佐藤　国民感情は、まだ非対称ですよね。韓国人が八〇くらい怒っているとしたら、日本人は三〇くらい。ただ、今後の推移によっては、双方の沸点は近づく可能性がありま す。

手嶋　まさしく、それが憂慮されるところです。

佐藤　一九年八月に、韓国を旅行中の日本人女子大生が、韓国人の男に髪の毛を引っ張られて路上に倒されるという事件が起こり、その一部始終が動画で配信されました。あのときは、反日が暴行の理由でなかったことや、韓国人自身が犯人を糾弾する姿が同時に報道されたために、日本の世論は反応しませんでした。でも、あれがナショナリズムに裏打ちされた出来事で、日本のメディアが大騒ぎしたらどうだったでしょう。まさに、偶発的な出来事が、一気に日本の国民感情に火をつけることがあり得るわけです。

あるいは、丸山穂高衆議院議員が、「竹島も戦争で取り返すしかない」とツイッターに投稿しました。

手嶋　北方領土に対しても同じことを言った人ですね。

佐藤　そこまで言うのならば、竹島に渡れとか、そういう話にもなりましたけど、日本には一億二六〇〇万の人がいるのですから、触発されて、モーターボートを借りて竹島への接近を試みる人間がいるかもしれない。でも、もしそれをやったら、間違いなく「独島」警備隊の手で射殺されます。韓国世論は快哉を叫び、日本の世論は一気に「韓国憎し」で沸騰する恐れがあります。

手嶋　想像もしたくない事態ですが、そんなふうに国民感情をエスカレートさせかねない材料が、今の日韓の周辺にはそこかしこに転がっていると言えそうです。

そんなことも踏まえつつ、日本としては中長期的視点に立って、どのように打開を図っていくべきか、冷静に考えておくべきです。

佐藤　私は、さきほど論じた日韓基本条約の改定を、追い詰められて対応するというのではなく主体的に進めていくことが、出口の見えない現状を打開する決め手になるかもしれないと感じています。

手嶋　ここは韓国の意向も汲《く》みながら、新たな時代を切り拓いていくため、発想を切り替えて臨んでみるのもひとつの手です。ただ頑《かたく》なに「解決済み」と繰り返すだけでなく、今度は構えの大きな石を打ってみることも必要です。

佐藤　韓国経済が成長を遂げ、力の均衡点が大きく変化しているのに、半世紀前の感覚で対峙しても、相手は受け入れ難いだろう――。繰り返しになりますが、日本人がこの認識を持つことが非常に重要です。

手嶋　韓国にも「心ある人々」はたくさんいます。保守系の『中央日報』などが、時に中立的ないい論評を載せているのはその証左です。そういう韓国内の健全な声とも連携していくことが大切だと思います。

佐藤　現下の状況が厳しいほど、対話だけは欠かしてはならないのです。

第3章

ホルムズ海峡
「日本タンカー攻撃」の真の狙い

トランプの「禁じ手」連打が世界の景色を変えた

手嶋　ドナルド・トランプ大統領はいま、再選に向けて必死の戦いを繰り広げています。二〇一七年一月、アメリカ内外の予想を裏切って、トランプ本人さえ「意外だ」と思っていた節があるのですが、とにもかくにも超大国アメリカの最高権力者の座を手にしてしまいました。そして、ホワイトハウスに入るや、矢継ぎ早に「禁じ手」を繰り出しました。かくして世界は「異形の大統領」に思うさま振り回されることになりました。

佐藤　確かに「異形」だが、決して見かけ倒しではなかった。

手嶋　その通り、トランプは有言実行、「まさか、実行しまい」と大方が軽く見ていた選挙公約に次々と手をつけていったのですから。前章では、日韓が真っ向から角突き合わせているなか、トランプ大統領が電撃的な米朝首脳会談に突き進んだ意味を読み解きました。ドナルド・トランプという政治指導者の突飛な行動が、東アジアの地政学にも重大な変化をもたらしたのです。

ここからは、トランプ大統領が連打した「禁じ手」がきっかけとなって現在の世界にどの様な地殻変動が生じているのかを検証していきましょう。外目には定かに見えないまま脆弱になっていたポスト冷戦の地盤を突き崩す地震を誘発してしまった。国際政局を一挙に流動化させる、これこそが「トランプ・ドミノ」だったのです。

まず初手は、民主党のオバマ前政権へのちゃぶ台返し。トランプ大統領は、就任わずか数時間後、大統領令を発して、バラク・オバマ大統領が政治生命を賭けてやり遂げた医療制度改革、いわゆる「オバマケア」を葬り去ってしまいました。続いて選挙公約の柱に据えてきた強硬な不法移民対策を打ち出してみせました。

佐藤　メキシコ国境に新たな壁を建設する費用を捻出するために、非常事態宣言まで出しましたからね。

手嶋　そして外交面では、歴代の民主、共和の両政権が、建前はともかく実施は手控えてきた「禁じ手」に手をつけたのです。イスラエルの首都をテルアビブでなく、エルサレムだと正式に認め、その証しとしてアメリカ大使館をエルサレムに移すと公言しました。これまでのアメリカ政治のタブーを堂々と破って見せました。

佐藤　トランプ公約の目玉でしたからね。だが、そんな強硬策に出れば、エルサレムをわが聖地と仰ぐアラブ諸国の反発を招くのは必至で、第五次中東戦争の引き金を引きかねないと、ほとんどすべての外交・インテリジェンスの専門家がみていました。さしものトランプも、いったん「移転の延期」を表明しましたから、ここは方針を事実上転換したと思ったのですが、最終的には大使館のエルサレム移転を強行した。私の見立ては甘かった。(笑)

手嶋　大きな見通しは誤らない佐藤ラスプーチンの眼を欺いたのですから、さすがと言わざるを得ない(笑)。トランプ政権のイスラエル支持がどれほど揺るぎないものか、まざまざと世界に見せつけたと言えます。

「トランプ・ドミノ」はこれらにとどまらず、北朝鮮の独裁者との直接対話、超大国、中国との全面的な貿易戦争、気候変動に備える「パリ協定」やTPP(環太平洋パートナーシップ協定)からの相次ぐ離脱と、これまでのアメリカ政治の定石では考えられなかった奇策を次々に繰り出しました。まさしく異形の大統領による異形の政策の連鎖でした。

かつて息子・ブッシュ大統領が「悪の枢軸」と呼んだ北朝鮮とイラン。しかし、同じ共和党政権でも、トランプ大統領は、北朝鮮とは直接対話に突き進む一方で、イランに対しては一貫した敵視政策を推し進めました。一八年五月には、イランが核開発を抑制するのと引き換えに、経済制裁を緩和していくという、イランと米英ロ中独仏の六ヵ国による「イラン核合意」からも離脱を表明しました。ここでもオバマの成果をちゃぶ台返しにして見せたのです。

佐藤　オバマ主導の核合意を「史上最悪のディールだ」――トランプは選挙公約でもこう批判していましたから、臆することなく、粛々として実行したわけですね。そのうえで、イランに対して「史上最高の制裁」を加えてやるとして、これまた言葉通りに実施してみせました。一八年十一月にはイラン産原油の輸入を禁止し、翌年五月からはイランと関係が深い日本もこの制裁に加わらざるをえなくなりました。イラン側もこうしたトランプ流に強く反発し、低濃縮ウランの製造量を引き上げる対抗措置に出て両者の対決姿勢は鮮明になっていきました。

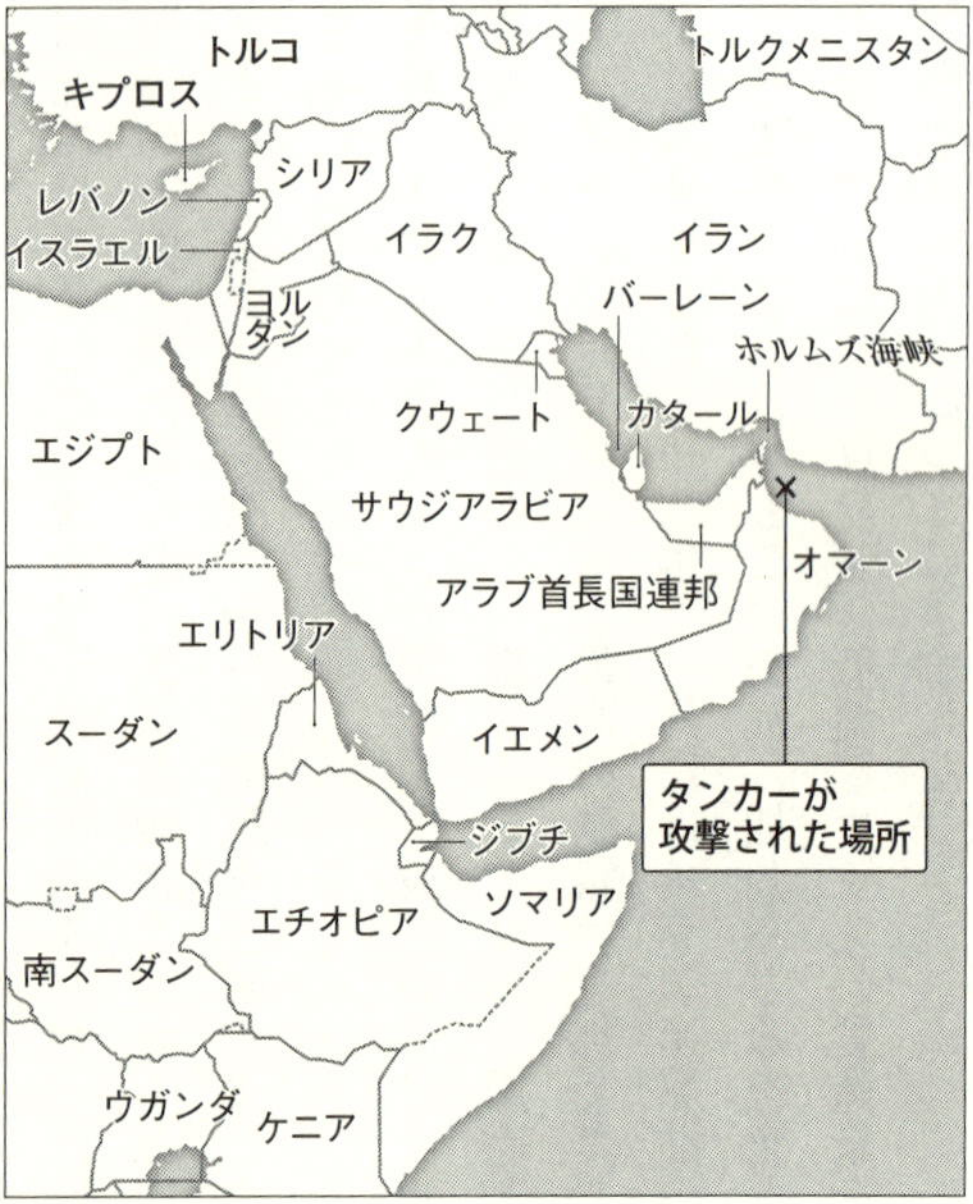

手嶋　イスラエルの強硬派にぴたりと寄り添うトランプ流は、イランへの強硬姿勢と地下水脈を通じて結ばれています。イスラエルの安全保障をアメリカの安全保障と同じ重みを持つと捉えているのです。イランの存在こそ両国にとって脅威と考えるトランプ政権の登場によって中東地域の緊張は一気に高まることになりました。

佐藤　その緊張感が沸点に向かうなか、わが日本も期せずして、その渦中に巻き込まれることになってしまいました。

手嶋　そうしたさなかの一九年六月に、安倍晋三首相は、イランとの独自の対話を進めようと、テヘランを訪ねて最高指導者ハーメネイ師と会談しました。ところが、あろうことかそのさなか、ホルムズ海峡付近で日本とノルウェーのタンカーが何者かに攻撃されるという奇怪な事件が起こった。

佐藤　あの事件は、イランをめぐる国際危機が凝縮された瞬間でした。それだけに、あのタンカー攻撃の意味を正確に押さえておかなければ、その後の展開を読むことはできない。

手嶋　この事件をひとつの発火点に、ハーメネイ直属のイスラム革命防衛隊が、アメリカの無人偵察機グローバルホークを撃墜する一触即発の事態が発生しています。何かの弾みで全面戦争に突入する火種が燻っている、誰しもそう考えたはずです。

佐藤　そうした危局に日本が国際政局のプレーヤーとして登場した。日本とイランは、戦後一貫して特別な縁で結ばれた特別な間柄でした。過去の経緯も含めて、そうした日・イラン関係を見ておかなければ、日本の役割を理解することはできません。

首相のイラン訪問が誘発したタンカー攻撃

手嶋　本書を取りまとめるための一連の対談の初回は、偶然にもホルムズ海峡付近で日本とノルウェーのタンカーが何者かに攻撃を受けた一九年六月十三日の翌日でした。各紙は第一報を朝刊の一面で報じていました。ただ、日本の報道を参考に事態を分析しようにも、各紙の第一報からは、肝心なポイントが抜け落ちていました。

佐藤　とりわけ、新聞の記事は総じて地図が小さく添えられているにすぎなかった。これでは、タンカー攻撃がどの国の領海であったのか定かではない——私は強い不満を覚えました。

手嶋　確かに、国際法上、他国の領海に機雷を敷設したり、相手の船舶を攻撃したりすれば、宣戦布告とみなされます。それだけに、公海上なのか、領海なのかは、決定的に重要です。

佐藤　攻撃が領海で実行されたのなら、「どの国の海」なのか、報道機関はまずそこに注目すべきです。その問題意識があれば、紙面に載せる地図はおのずと大きくなっていたはずです。

手嶋　タンカーが攻撃された海域は、国際政局のホットゾーンであるホルムズ海峡の周辺です。

佐藤　領海はイランか、オマーンか、アラブ首長国連邦ということになります。ですから、イランの船以外は、通常、オマーンやアラブ首長国連邦の領海を航行しているんですね。結局、攻撃はオマーンの領海で行われたことが判明しました。オマーンは、あの「シンドバッドたちが活躍した拠点だった」と伝えられる古くからの海洋国家なんですよ。

手嶋　タンカー攻撃はそのオマーン領で行われた戦争行為ということになります。

佐藤　しかも攻撃の主体が海賊、ギャングの類いでなく、いずれかの国家だったとしたら、国際法上は戦争ということになりますね。

手嶋　〝緊迫の海〟であるホルムズ海峡では、この一ヵ月ほど前にも、タンカー四隻が妨害行為を受ける事件が起きています。従ってホルムズ海峡は常に各国の情報衛星の監視下にあり、主要国の情報当局が注視するさなかに攻撃が決行されたことになります。

佐藤　そう。「何か起きたぞ」と慌てて目を向けるというのではなく、「何か起きるんじゃないか」とみんなが目を凝らしている場所でコトは起きたんです。

手嶋　なぜ、監視網にかかるリスクがありながら、タンカー攻撃に及んだのか。その謎を解くカギは、安倍―ハーメネイ会談。この首脳会談が行われた直後の六月十三日に日本とノルウェーのタンカーが狙われました。このタイミングを考えると、「安倍ファクター」が引き金になったと考えるのが自然です。

佐藤　全くその通りです。あのタンカー攻撃の本質はテロだというのが、私の見方なんです。テロリストの目的は何かといえば、対象とする相手に恐怖を与えることです。我々の前に立ちはだかるような者は、神によってこのような罰を受けるのだ、と。そんな恐怖を、具体的にはアメリカとその同盟国、直接の標的になった日本とノルウェーに思い知らせるのが狙いだった。

国際テロ組織は、世界の関心が極大化する局面を狙って、テロに及びます。与える恐怖が強いほど、自らの目的に適《かな》うからです。そういう意味で、安倍首相のイラン訪問は、テロルを仕掛ける側には絶好の機会を提供した。ハーメネイが西側首脳と会うのは極めて稀《まれ》なことです。タンカー攻撃という名のテロリズムは、国際社会が安倍－ハーメネイ会談の成り行きを注視する機に狙いを澄ませて企てられたわけです。

手嶋　安倍－ハーメネイ会談とタンカー攻撃。それは決して偶然の産物でなく、二つの出来事は分かちがたく結びついている――。それが、佐藤さんと私の共通認識でした。そこで、いま一度、六月十四日の朝刊に戻ってみましょう。この二つの出来事を関連付けて報じた新聞は、我々が見る限りなかった。

佐藤　各紙とも「別記事」として扱っていましたからね。あんな「大事」が、同じ地域で偶発的に同時に起きると考えるほうが不自然ですよ。

手嶋　視点を変えて言えば、海峡に凶事が起きたことで、安倍首相のイラン訪問の重要性に思いを巡らせたことはできたはずです。ただ、土地勘もなく、錯綜した中東情勢にも通じていない哀《かな》しさなのか、日本のメディアの多くが、単純に「これで安倍仲介外交は失敗に終わった」などと報じて事足れりとした。

佐藤　海峡で起こったこととの重大さ、事件が秘めている意味が全く理解されていないわけですよ。狙われたタンカーが、日本とともにノルウェーの船だった、ここに眼をつけてもらわなければいけない。ノルウェーもアメリカの軍事同盟国にして和平交渉の隠れたプレーヤーですから。

手嶋　そう、ノルウェーは、北大西洋条約機構（ＮＡＴＯ）の一員であるだけではない。中東和平を含めて平和構築の分野で隠れた、重要な役割を果たしてきた国なのです。ホルムズ海峡は日々、夥しい数のタンカーが行き来しているのですが、このなかで日本とノルウェーのタンカーが狙い撃ちされたことは決して偶然ではないと思います。犯行に及んだ者たちは、この二国に照準を絞っていたとみるべきでしょう。

佐藤　そう、ノルウェーは、ＮＡＴＯの一員としてアメリカの同盟国でありながら、イランとも対話のチャネルを持っている。その点でまさしく日本とノルウェーは似た者同士なのです。それゆえに標的になった日本は、もっと恐怖を感じてもいいかもしれません。

手嶋　「相当な軍事的能力を持っていないと、今回の攻撃はできない」というアメリカのインテリジェンス機関の見立ては正しいと思います。

佐藤　そう、欧米のインテリジェンス・コミュニティーは、今回の安倍―ハーメネイ会談とタンカー攻撃は連関していると見立てている。

手嶋　安倍政権にやや厳しくいえば、安倍―ハーメネイ会談がタンカー攻撃を誘発してしまった側面もあると思います。

佐藤　それは否めませんね。ただ、攻撃を誘発したからイラン行きは間違いだった、無意味だった、ということにはなりません。裏を返せば、攻撃者からみてもタンカー攻撃に値する重要でインパクトのあるイラン訪問に映ったということなんですよ。

手嶋　そう読むのが妥当だと思います。首相のイラン訪問の意味については、後でまた詳しく論じることにしましょう。

世界が懐疑の目を向けた「イラン犯人説」

手嶋　さて、では安倍首相の訪問を狙ってあの攻撃を仕掛けたのは、いったい誰なのか。それを突き止めるには、一握りの機密情報に頼るだけでなく、公開情報を丹念に読み解いてみることも大切になります。
トランプ政権は発足当初から、核合意から離脱するなど、イランに批判の矛先を向けました。マイク・ポンペオ国務長官は、事件後いち早く「タンカー攻撃はイランに責任がある」と非難しました。

佐藤 そう、「イランに責任がある」と非難しましたが、「イランの犯行だ」と断定しなかった。国家が主導してタンカーを襲ったのなら、これは大変なことですよ。イラン政府がアメリカの同盟国のタンカー攻撃を認めたり、イランの軍事行動を窺わせる決定的な証拠が出たりすれば、「米・イラン戦争」が直ちに勃発してもおかしくない情勢でした。ただ、アメリカ政府は「イランがやった」と断じることは結局できませんでした。

手嶋 こうした重大な局面では、国務長官が思いつきで発言したりはしません。発言内容は、幾重にも慎重を期します。複数の米情報機関が収集した情報を徹底して分析し、その裏付けを添えてトランプ政権内で共有したはずです。そこが衝動的な「トランプ・ツイッター」とは違うのです。
ポンペオ国務長官は、一連の「インテリジェンス報告」を踏まえて「イランに責任がある」と慎重に述べたのです。「イランの犯行だ」とまでは踏み込まなかった。このポンペオ発言は、インテリジェンス当局の周到な分析結果を映しているとみていい。

佐藤　その後、米海軍の当局者が、日本の海運会社が運航するタンカーの攻撃に使われた水雷が、「これまでイランの軍事パレードで公開されたものと酷似している」として、「ハーメネイ直轄のイスラム革命防衛隊犯人説」を唱えました。また、米国防総省は、革命防衛隊による犯行であることを裏付ける「証拠写真」なるものを二度にわたって公表しました。タンカーに付着した水雷や、それを取り除く革命防衛隊の巡視船などを米海軍のヘリコプターが上空から撮影したと。最初は白黒写真、二度目はカラーの画像です。しかし、いずれも決定的証拠とは言い難い。水雷にしても、ただでさえ、除去作業は爆発の危険性を伴います。あの緊迫した局面で革命防衛隊がそんなリスクを負うのか、疑問です。

手嶋　アメリカの有力紙『ニューヨーク・タイムズ』も、画像で示された水雷除去作業はかなり杜撰だとする、アメリカの軍事専門家の指摘を紹介しています。イランの精鋭部隊として知られるイスラム革命防衛隊は、イランの正規軍を凌ぐ最新鋭の装備を備えています。しかし画像に写っている装備は、かなり見劣りがするからです。

佐藤　名指しされたイランは、当然のごとく事件への関与を否定しました。ハサン・ロウハニ大統領は、「イランは全力でタンカーの船員を救助した。この人道的な行動に感謝する代わりに、世界中で政治的なゲームを仕掛けている」と、即座にアメリカを批判しています。ちなみにロウハニは、「イランが日本や中国との密接な関係を築いているからこそ、何者かが日本の首相がテヘラン訪問時に事件を起こした」とも述べました。日本の報道よりよほど正鵠を得た分析ができている。(笑)

手嶋　確かにイラン側は説得力のある反論をしていますね。いずれにせよ、結局、アメリカの見解に同調したのは、時に軍事行動まで共にする密接な同盟国イギリスとイスラエルだけでした。国連をはじめ国際社会は、アメリカの提示した「物証」は、イランがやったという「スモーキング・ガン」、決定的な物証にはならないと切って捨てています。

情報戦をめぐるアメリカの深謀遠慮

佐藤　メディアをはじめ国際世論としては、「アメリカが、イランが犯人だというのなら、納得できるような証拠を見せろ」ということですよね。その証拠に国連のアントニオ・グテーレス事務総長は、「事実関係を知り、責任の所在を明らかにすることが重要だ」と指摘して独立機関による調査を求めました。

それにしても、アメリカは画像まで公表してイラン主犯説を臭わせながら、なぜさらなる証拠を公表して、イランを追い詰めようとしなかったのか。

手嶋　そう、いくらトランプ政権でも、公表した「証拠」だけで国際社会が納得すると思っていたとは考えにくい。アメリカのインテリジェンス機関は、他にもいろんな極秘情報を摑《つか》んでいたはずですが、公にしようとしなかった。

佐藤　どうやらこの一件にも大国同士が水面下で繰り広げる熾烈な情報戦が絡んでいるようですね。アメリカは、あえて機密情報の手の内をさらしてまでも、イランを深追いしようとしなかった。「タンカー攻撃を仕掛けたのはイランだ」と世界に印象付ける当面の目的は達した、と考えているのかもしれません。

手嶋　極秘のインテリジェンスという資産をすべて使ってしまってはならない——。佐藤ラスプーチン流の見立てを補強する格好の事件があります。第二次東西冷戦が頂点にあった一九八三年に起きたサハリン沖の悲劇がそれです。アメリカから韓国に向かっていた大韓航空機が通常の航路を逸《そ》れてカムチャツカ半島沖でソ連領空に迷い込み、サハリン沖でソ連軍機にミサイルで撃墜されて、乗員・乗客二六九人全員が死亡するという事件が起きました。

佐藤　当初、ソ連政府は、自国の軍用機が攻撃したことを認めようとしませんでした。

手嶋　ところが、レーガン政権は日本の自衛隊が傍受した「撃て」と命令するソ連側の交信テープを国連安保理で公表したのです。これで勝負があったのですが、一方で極東ソ連軍の通信を傍受していた日本の情報当局が被った打撃は甚大でした。通信が傍受されていたことを知ったソ連側は、軍用機の周波数を直ちに変更したのですから。

佐藤　情報戦では、手の内を明かせば、そのような返り血を浴びることがあるわけですね。

手嶋　今回のホルムズ海峡のタンカー攻撃でも、主犯を挙げることのメリットと自国のインテリジェンスの手札を晒《さら》してしまうリスクを天秤にかけて、ここらでイランへの非難を打ちどめにすると判断したのかもしれません。

佐藤　もう一点、アメリカが世界の超大国であるという事実を、あらためて認識しておく必要があります。今回のような重大局面で、アメリカの外交責任者が「イランの責任だ」と発言すれば、事実がどうなのかとは別に、外交はそちらに向かって動き出すものなのです。

むろん真相究明の努力は続けられるのですが、誤解を恐れずに言えば、外交当局者にとっては、その真相究明の結果は二次的、三次的な意味しかない。同盟国日本にとっては、アメリカが「イランが関与している」と言えば、それはもう与件なのです。

手嶋　小学校でいじめが起き、教師が「あの子が関与している」と言ったとしても、真相はきちんと究明されなければいけません。ところが、ひとたび国際政治の世界では、事件がひとつの方向に動き出せば、真相は置き去りにされてしまう。国際政局は独自の法則に従って独り歩きを始める。これは冷厳な事実なのです。外務省という国家機構の中にあって総理に成り代わって「対ロ交渉」のポジションペーパーや質疑の応答要領の筆を執ってきた佐藤さんの話は、リアリティーに満ちていますね。真相が置き去りにされる外交の世界の現実は、権力機構の内側にいた人間でなければ、なかなか理解できないかもしれませんね。

佐藤　我々は、なにも「真相に目をつぶるべきだ」と言っているのでありません。国家の論理がそうさせるのです。日本にとって、イランは友好国ですが、アメリカは唯一の同盟国です。同盟国と友好国の言い分が食い違った場合には、同盟国の側に立ち、その立場を支持する。それが冷徹な外交のルールなのです。

イランも手を焼く？　攻撃の「真犯人」

手嶋　アメリカの思惑《おもわく》は置くとして、あのタンカー攻撃は誰がやったのか。理論的に考えられるのは以下の三つ。アメリカの主張する通りイランの革命防衛隊がやった。もしくは、彼らが直接手を下したのではなく、イランの資金、組織、思想的な影響下にある何者かがやった。あるいは、イランとは全く無関係の組織が犯行に及んだ。

佐藤　さらに、もうひとつ、アメリカの謀略だったという見方もある。イランはそう主張しています。しかし、そんな自作自演が露見した場合、超大国アメリカが被るダメージは致命的です。従ってその見方は合理的ではない。

手嶋　一方、イスラム革命防衛隊が直接タンカーを攻撃し、それが明らかになった場合には、逆にイランが国家存亡の危機に立つことを覚悟しなければなりません。トランプ大統領が速やかにイランに「反撃」する公算大だからです。そうなると、イラン直接犯行説も考えにくい。

佐藤　そう思います。そんな単純な挑発をするほど、イラン指導部は愚かではありません。おっしゃるように、タンカーの攻撃を端緒に戦争になれば、イランの体制崩壊につながりかねないことはよく分かっていると思います。

ハーメネイ師は、安倍首相との会談で「核開発の意図はない」という「平和のメッセージ」を出しました。まさしくそのタイミングであのような攻撃を仕掛ければ、イランの最高指導者は大嘘つきだ、と世界に向かって公言するようなものでしょう。そんな形で自らの権威を傷つけるほど、やはり彼は愚かではないのです。

ハーメネイの意図に反して、革命防衛隊の強硬派がテロに手を染めたという可能性も、理論的にはあり得ます。しかし、革命防衛隊というのは、ロウハニ大統領ではなく最高指導者ハーメネイ師直轄の部隊なのです。その暴走を許したということは、国の統治機構の根幹で統制の齟齬が生じている、すなわち国家として末期症状に近い状態に陥っていることを意味します。しかし、今のイランにそうした兆候は認められませんから、説得力を欠きます。

手嶋　そうなると、背後にイランの影がちらつくテロ組織の犯行、という線が浮上してきます。具体的には、イランが革命防衛隊を使って支援している武装組織、レバノンの「ヒズボラ」と、イエメンの「フーシ派」の二つの組織に目が向けられることになるでしょう。それぞれについて検証したいと思いますが、宗派の分析なら大学院で神学の教鞭をとっている佐藤さんの出番です。

佐藤　結論を言えば、今回の攻撃はフーシ派の仕業というのが、私の見立てです。ヒズボラが引き起こした可能性は低いでしょう。大きなポイントは、ご指摘のように同じイスラム教シーア派ながら、両者に「宗派の違い」があることなんですよ。

まずヒズボラからいきましょう。彼らはシーア派最大の十二イマーム派に属しています。イランでは、十二イマーム派が圧倒的多数を占めますから、ヒズボフはイランの「コピー」と言っていい。本体の意図が、ストレートに伝わるわけです。

これに対してフーシ派は、メディアでは「シーア派系」と言われていますが、十二イマーム派ではなくザイード派なんですね。宗教指導者であるイマームの権威を認めていません。ハーメネイ師を尊敬しているわけでもありません。信仰をイランと共有しているわけではないのです。ちなみに、彼らはことのほか勇気とか名誉とかを重視する一派で、死を恐れません。

手嶋　説明があったように、ヒズボラはシリアとイスラエルに隣接するレバノンを拠点に活動しています。ホルムズ海峡で五月に起きたタンカー攻撃を含めて、ヒズボラの仕業である可能性は低いと米情報当局もみています。

佐藤　その根拠は〝イスラエルファクター〟です。ヒズボラは、レバノン南部を拠点にイスラエル攻撃に勢力を集中しています。ホルムズ海峡付近でタンカーを攻撃しても、そんな彼らにとって利益があるとは思えない。西側社会全体を敵に回すような挑発を行う動機が、ヒズボラには見いだせないのです。

手嶋　いまイスラエルは、トランプ政権と極めて密接な関係を築いています。イランも、対米関係が重要な局面にあるいま、イスラエルをいたずらに刺激する無謀な挙にはヒズボラに手を染めてもらいたくないと考えているはずです。

佐藤　補足すれば、ヒズボラが主戦場にしているのは、南レバノンすなわちイスラエルの北部国境のあたり。過去にやったことをみても、その「縄張り」の外にはあまり出て行かない地域限定の武装組織なのです。それに比べて、フーシ派はいろんなところに「出張」するんですよ。いわばテロルの宅配便です。

手嶋　となると、怪しいのはフーシ派ということになりそうですが、彼らにしても、それなりの理由がなければ、タンカーを攻撃したりはしないはずです。佐藤さんが、フーシ派を怪しいと睨む根拠はなんですか。

佐藤　信頼に足る情報が少ない条件の下では、「逆算」をして、真相に迫っていくしかありません。フーシ派の拠点はイエメンです。イランと敵対するサウジアラビアの支援を受けたイエメンの政府軍と、烈しい戦闘を繰り広げています。イランにとっては、「敵の敵は味方」というわけです。

ところが、そんなフーシ派からすると、どうやら敵対するイランとアメリカの間柄に異変が生じつつある。安倍首相のイラン訪問がその兆候とみたのでしょう。イランとアメリカの関係が改善に向かうと、サウジと関係が深いアメリカは、フーシ派への支援をやめるようイランに求めるのではないか。その結果、イランがフーシ派に対するカネと武器の支援を打ち切る恐れがある――。これは彼らにとっては、悪夢というべきシナリオでしょう。「トランプ・メッセージ」を携えた安倍首相のイラン訪問は、脅威そのものと映ったはずです。

手嶋　戦争を日々の生業《なりわい》にしている――。フーシ派もそんな武装集団のひとつですね。ですから、彼らにとって湾岸地域はもっと緊張していてもらわなければ困る。

佐藤　そうです。中東情勢が不安定である限り、彼らはイランの支援を受け続けられる、という構図です。彼らが、イスラム革命防衛隊の手ほどきによって、武器の扱いやテロ戦術に習熟していることを考え併せれば、あの攻撃は十分可能なはず。フーシ派犯人説には、合理的な説明がつけられると思います。

さらに付け加えれば、フーシ派というのは、組織的にも統制が取れているわけではありません。イメージとしては半グレや暴走族のような感じでしょう。イランにしても、支援はしているが、完全に行動を掌握できる状態にはない、というジレンマを抱えているのです。

手嶋　世界を緊張させたホルムズ海峡の変事は、中東の半グレ集団が利己的な動機で引き起こしたものだったのかもしれない——。ただしそれは、中東というエリアがそれぞれの国益や利害、宗教的背景などが複雑に絡み合う「緊迫の地」であることを改めて我々に見せつけました。日本はそこに半ば強引に手を突っ込もうとするトランプ政権の同盟国であり、石油エネルギーをこの地域に深く依存するということからも、ホルムズ海峡の周辺地域の動向に無関心でいることなど到底許されません。

佐藤　国会での安保法制論議のときにホルムズ海峡での機雷除去の話がさんざんされました。でも、あの攻撃があるまで、ホルムズ海峡のことなどすっかり忘れていた日本人がほとんどではないでしょうか。

タンカー攻撃の一報を聞いた瞬間、もしかしたらこれは世界政治のフェーズを一段階進ませる出来事になるかもしれない、と私は直感したんですよ。事実、アメリカは、中東海域での多国籍海軍構想を呼びかけました。あの事件が「ならず者の大芝居」で片づけられる一過性の出来事か、それとも歴史的なエポックだったのか。結論を出すのは、まだ早いような気がしますね。

国際政局を読み解くキー・ファクター「イスラエル」

手嶋　ここまで現在の中東とアメリカの関係を論じてきましたが、この地域についての理解を深めるため、イスラエルをめぐる過去の経緯について少しおさらいしておきましょう。

第二次世界大戦が終わって以降、世界史の年表で最大級の活字で表される歴史上の重大事件といえば、一九四八年のイスラエル建国、そして四九年の中華人民共和国の成立でしょう。

佐藤　四七年には、国連のパレスチナ分割決議によって、かの地はユダヤ国家とアラブ国家に分割されることになりました。それによって、世界各地に散在していたユダヤ人の悲願だったイスラエルがついにシオンの地（パレスチナ）に建国されたのです。しかし、国連の力では、あの地域に政治的な安定をもたらすことは叶《かな》わなかった。

手嶋　その証拠に、イスラエル建国の直後に、第一次中東戦争が勃発します。その結果、西エルサレムはイスラエルが、東エルサレムはヨルダンが統治することになりました。さらに五六年にはスエズ動乱を機に第二次中東戦争が、また六七年には第三次中東戦争が勃発して、東エルサレムをイスラエルが占領し、現在まで実効支配を続けています。

佐藤　イスラエルはエルサレムを自国の首都だと宣言していますが、国際社会はそれをいまだに認めていません。それゆえ、イスラエルの最大、最強の同盟国、アメリカもトランプ大統領が登場するまでは、首都問題で慎重な態度を崩そうとしなかったのです。

手嶋　九三年には、イスラエルとパレスチナ解放機構（ＰＬＯ）との間で、ヨルダン川西岸・ガザ地区に「パレスチナの暫定自治」を樹立することで合意が成立します。双方が「オスロ合意」を受けて、アメリカ政府の仲介で和平交渉が行われたのですが、結局はことごとくが頓挫してしまいます。二〇〇〇年のキャンプデービッド会談を私も現地で取材しました。このとき、イスラエルのバラク首相とパレスチナ自治政府のアラファト議長が直接会談を行い、中東和平への期待が高まりました。

佐藤　二〇〇三年にはアメリカ、ロシア、EU、国連の四者が、イスラエルとパレスチナ、双方の共存に向けた「ロードマップ」を提唱し、二〇〇七年には中東和平国際会議でイスラエルのオルメルト首相とパレスチナ自治政府のアッバス議長が交渉に臨みましたが、これら一連の中東和平交渉は結局、今日まで実現しませんでした。

手嶋　そして「異形の大統領」の登場です。ドナルド・トランプは、アメリカ大使館をエルサレムに移転させると選挙では公約していましたが、さしものトランプ大統領も、大統領に就任して初めての一七年六月の署名では、決断を先送りしたことは、本章の冒頭で説明した通りです。

佐藤　それに先立つ五月には、トランプ大統領は、サウジアラビアの首都リヤドを訪れ、アラブ諸国の首脳たちと会談して、「イスラム、ユダヤ、キリストの三つの宗教が互いに協力できれば世界平和が実現する。そうした協力にはイスラエルとパレスチナの和平も含まれる」と述べました。続いて、イスラエルのネタニヤフ首相、パレスチナ自治政府のアッバス議長を相次いで訪れ、中東和平実現の仲介役を買って出るかに見えました。

手嶋　アメリカのオバマ政権がイランと六ヵ国の核合意を結んだことで、サウジアラビアとイスラエルの関係が緊張したため、その修復を狙ったのだと思います。

佐藤　ただ、ヒラリー・クリントン民主党大統領候補との対決を通じて、ドナルド・トランプ候補は、イスラム陣営への敵対的な姿勢を剥き出しにし、トランプ大統領は一七年暮れになって、エルサレムをイスラエルの正式な首都だと認め、翌一八年五月には、アメリカ大使館をエルサレムに移転させました。

見え隠れするアラブのジレンマ

佐藤　このトランプの決定は、中東のイスラム教徒から激しい反発を招くことになりました。「イスラエルの首都はエルサレム」というトランプ声明を受けて、エジプト、トルコ、ヨルダン、イラク、イランなどほぼ中東全域に抗議デモの波が広がっていきました。それは鬱積していた反米感情に火をつけました。パレスチナ自治区を中心に数十ヵ所でパレスチナ人とイスラエル軍の衝突も発生し、多くの死者や負傷者が出ました。

手嶋　トランプが強行した「エルサレムの首都移転」がいかに危険な行動であったかを窺わせます。国連もすぐに安全保障理事会の緊急会合を開くと、各国から対米批判が噴出しました。

佐藤　アラブ穏健派と形容され、アメリカと安定した関係を築いてきた中東のエジプトやサウジアラビアもトランプの決定を手厳しく非難した。ただ、最悪のシナリオである「戦争」には発展しませんでした。

手嶋　確かに反米感情は一気に高まったのですが、反米行動にすぐには結びつきませんでしたね。それは、アメリカの圧倒的な軍事的脅威もさることながら、冷戦の終結後、アメリカが中東への関与を深めるようになり、中東の各国がそれぞれにアメリカに依存するようになったことが背景になっています。

佐藤　そう、現にエジプトはアメリカから年間一〇億ドルを超える軍事支援を受けています。イラクはイスラム過激派組織「イスラム国」（ＩＳ）への軍事作戦で米軍を頼りきっています。サウジアラビアは中東の大国イランに対抗するため、どうしてもアメリカを必要としている。

手嶋　気がついてみると、いつの間にか、アメリカ抜きには、中東の各国は立ちいかなくなっていたという構図です。冷戦後、中東にそうした地歩を戦略的に築いてきた超大国アメリカは、トランプの登場によってさらに歩を進めたのです。それはかなりのリスクを孕んでいるのですが、「かくも強力なアメリカ」という冷厳な事実は認めざるを得ませんね。

佐藤　とはいっても、「トランプのアメリカ」がイスラム諸国を意のままに操れるわけではありません。中東情勢はそんなに甘くはない。エルサレムの首都認定、アメリカ大使館移転が、イスラム過激派に反米テロの口実を与えています。負のエネルギーを蓄えた彼らは、機を窺って世界各地で「反米テロ」の一斉蜂起を企てる恐れもあると思います。

トランプは「オバマの政治的遺産」を潰した

手嶋　さて、大使館を移転した一八年五月には、トランプは「イラン核合意」からの一方的な離脱を宣言して、やはり世界を驚かせました。

イランに核開発疑惑が浮上したのは、二〇〇二年のことでした。〇六年十二月には、国連安保理が対イラン制裁決議を採択、一二年後半からはアメリカ、EUなどを中心にイラン産原油の禁輸、金融市場からの締め出しなどが実行に移されます。風向きが変わったのは、一三年八月の国際協調路線のハサン・ロウハニの大統領就任でした。

佐藤　彼は国際協調路線を標榜していた。

手嶋　そして、一五年七月に核合意が成立したわけです。米英仏独露中六ヵ国とイランによる多国間合意で、イランは核開発を制限される代わりに原油禁輸などの制裁を解除されることになりました。十月には合意が発効し、イランは遠心分離器の撤去などを開始。一六年一月に、米欧などが対イラン制裁解除を発表しました。

佐藤　ただし、この核合意に向けて、アメリカ国内が一枚岩だったわけでは、もちろんありません。当時野党だった共和党は、強く反対しました。イランの弾道ミサイルを規制しないなどの問題点が指摘されたほか、後に核合意に基づく制裁解除で巨額の現金をイランに支払った内幕なども明らかになって、合意の是非は一六年の大統領選で争点化したのです。トランプは、当時から核合意離脱を示唆してきました。

手嶋　参加国の利害が複雑に絡み、核合意は当初から「ガラス細工」とも称されていました。そして、トランプ政権が誕生。一八年四月にタカ派のポンペオ国務長官とボルトン大統領補佐官（国家安全保障担当）が就任し、五月の離脱表明への流れを決定づけたのでした。

佐藤　このイラン核合意からの離脱、制裁の再開・強化は、医療保険制度改革（オバマケア）撤廃と並んで、オバマ前大統領の「レガシー潰し」の側面も強く持っています。その行動の是非はともかく、彼の存在感をまた一つ世界に知らしめることになりました。

再び対立のフェーズに？

手嶋　核合意離脱後のアメリカの行動は素早いものでした。同年八月には、自動車関連取引などを禁じる対イラン制裁を発動します。そして、十一月には、イランの主要輸出品である原油取引などを対象とした制裁を発動。その際、日本、中国、韓国、インド、トルコ、イタリア、ギリシャ、台湾の八ヵ国・地域については、その影響の大きさを考慮して一時的に輸入禁止の適用外とする措置を講じました。ただ、その猶予期間も一九年五月で切れたことから、わが国もイラン産原油の輸入量はゼロになりました。トランプ政権はその後、一九年五月にも金属取引を禁じる追加制裁に踏み切っています。

　ここでも、トランプ大統領の脳裏に去来するのは、一八年六月の米朝シンガポール会談に至る道筋なのかもしれません。大陸間弾道ミサイル（ICBM）の発射や核実験で挑発する北朝鮮に対し、「最大限の圧力」で応じたことにより、金正恩委員長との歴史的な対話を実現できた、という成功体験。同じように圧力をかけ続ければ、イラン側がいずれ交渉に応じるはずだ、と考えているのではないでしょうか。

佐藤　トランプ大統領は、同じ時期（六月二十三日）に、「イランは交渉を望んでいると思う。ディール（取引）をすることを望んでいると思う。私のディールは核だ。イランは核兵器を持つことはない」（六月二十四日、ロイター）と述べました。イラン核合意に代わる新たな枠組みの締結に意欲を示したもの、と捉えられています。

とはいえ、イランも黙ってはいませんでした。核合意そのものには留まる意向を示しましたが、一九年五月には、ロウハニ大統領が合意の履行を一部停止する、と述べました。実際に七月には、核燃料ウランの濃縮度が合意で定めた三・六七％を上回ると表明し、「核カード」を使った揺さぶりに出たのです。

確かに国家収入のおよそ三割を占める原油や、やはり重要な収入源である金属取引に対する制裁は大きな打撃です。しかし、経済制裁の末に交渉に出て行くというのでは、保守派を中心とする国内世論の強い反発は免れないでしょう。

手嶋　イランは、再び核開発を加速させると考えますか？

佐藤　そうは思いません。ウラン濃縮について、イランは「制裁の結果、医療用の濃縮ウランに支障が生じた」という理由付けを行いました。真偽は定かではありませんが、「将来の核合意離脱も視野に、独自の核開発を行うことに決めた」とは言っていないのです。

手嶋　我々としては、核合意に示された平和の道を引き続き歩むのだ、とも取れますね。

佐藤　天然ウランを一段目の遠心分離器にかけると濃縮度は三〜五％となり、二段目で二〇％となります。実際にこのレベルまでは、医療用として使われています。核爆弾の製造のためには、さらに三段目の遠心分離を行って、九〇％まで濃縮度を上げる必要があるんですよ。だから、核開発の本気度は、この二〇％を超えるのかどうかで測ることができるわけです。

手嶋　まだそのレベルにまでは行っていない。そういうところは、冷静にみないといけません。

佐藤　国内世論の動向を探りながら、ウラン濃縮を小出しにして、アメリカを牽制する。戦争突入という最悪の事態を回避しながら、一日も早く経済制裁のくびきから逃れたい――。イランが安倍首相の訪問を「歓迎」し、最高指導者に会わせた意味も、そういう文脈から理解すべきなのです。

　ちなみに、このイラン核合意からの離脱にも、「イスラエルファクター」が大きく作用しているのは、言うまでもありません。

手嶋　ある意味、トランプ大統領の決定を最も喜んだのは、イスラエルでしょう。事実上、核の保有を容認するがごとき手ぬるい合意などではなく、イランから完全に「核の牙」を抜く必要がある。できることなら、厳しい制裁などによって体制を崩壊させてしまえ、というのが彼らの本心でしょうから。

佐藤　イランのアフマディネジャド前大統領は、「イスラエルは地図上から抹消する」と公約して選挙に勝ちました。そんな国がもし核武装したら、自分たちが一番のターゲットになることを、イスラエルは理解しています。

第4章
日本とイランの絆が武力衝突を回避した

米朝首脳会談に似ている？　安倍首相イラン訪問

手嶋　ホルムズ海峡近海でタンカーが攻撃されたまさに同日、安倍首相とイランのハーメネイ師との首脳会談が行われた。いよいよ核心部分に話を進めましょう。まさしくメディアの腕の見せどころなのですが、その論調の多くは、「見るべき成果はなかった」というトーンのものがほとんどでした。

佐藤　会談翌日、「『仲介失敗』と厳しい見方も　首相イラン訪問、各国反応」という見出しで報じた『朝日新聞』（二〇一九年六月十四日付）がその典型でしょう。

手嶋　我々の見立てを紹介する前に、少し時間を巻き戻して、安倍首相のイラン訪問がどのような情勢下で行われたのか、俯瞰してみたいと思います。

会談の一ヵ月ほど前の五月初め、トランプ政権の国家安全保障担当大統領補佐官ジョン・ボルトンは、原子力空母エイブラハム・リンカーンを中心とする空母打撃群と爆撃機部隊を緊迫する中東地域に派遣することを明らかにしました。ホワイトハウスにあってボルトン補佐官は、確かに外交・安全保障のキーマンですが、そのタイトルが示すように「アドバイザー」、つまり、あくまでも大統領の助言者にすぎません。ですから自ら「軍を動かす」と口火を切るなど、禁じ手の最たるものです。強硬派で知られる人物がそのあり得ないことをやってしまった。彼はかつて対イラク戦争を主導したネオコンの主要メンバーでもあります。

佐藤　イランとしては、本当に武力介入があるかもしれないと警戒感を募らせたに違いありません。

手嶋　空母打撃群がイランの沖合にいるだけで、偶発的な衝突が引き金となって、武力紛争に発展する可能性は否定できなくなります。

佐藤　疑いなく、戦争のリスクは高くなるでしょうね。例えば六月十三日に日本やノルウェーではなくアメリカ船籍のタンカーが攻撃を受けて沈められていたら――と考えてください。トランプ大統領は、四軍の最高司令官として躊躇《ためら》うことなく武力制裁の挙に出ていたはずです。たとえ限定的な反撃であっても必ずやったでしょう。来年の大統領選挙を控えて、世論を意識するトランプは、アメリカがやられて黙っているわけにはいかない。

手嶋　ですから、ホルムズ海峡の周辺に原子力空母を送れば、イラン・アメリカ間の武力衝突の可能性はぐんと高まります。安倍総理は、まさしくそうした緊迫した情勢のなかでテヘランに赴いたのです。

佐藤　平時における親善訪問とはまるで違う。アメリカとイランに高まる緊張を調停する事実上の仲介役として火中に飛び込んでいったんですよ。

手嶋　対立する二国の間で火種が燻るなか、一国のトップが乗り込んでいって首脳会談に臨む。これは一八年六月に電撃的に行われた米朝首脳によるシンガポール会談と構図がよく似ています。

日本のメディアは自ら煽って今ではすっかり忘れていますが、日本国内で「米朝開戦説」が盛んに流されていたのは、ついこの間のことです。ところが、ひとたび米朝首脳会談が実現するや、そうした刺々しい空気は一変してしまいました。

佐藤　確かに、米朝首脳会談の前には、アメリカ軍は朝鮮半島周辺の海域に空母打撃群を遊弋《ゆうよく》させ、長距離戦略爆撃機を極東に飛来させせました。あのエリアはまさしく「緊迫の海」だったのです。

手嶋　米朝首脳によるシンガポール会談は、非核化を宣言したものの、実際に核の廃棄は全くと言っていいほど進みませんでした。だからといって、会談そのものに意義がなかったわけでは決してない。それまで口汚く罵り合い、明日にも伝家の宝刀に手をかけるような言動を繰り返していた米朝首脳が交渉のテーブルについた、それ自体が大きな成果でした。そして「米朝相戦う」といった険悪な空気はひとまず消え去ったのです。

佐藤　トランプ・金正恩の二人が同じテーブルに仲良く座る。これはトランプ政権が北朝鮮の強権体制を事実上認めたことを意味します。イヤイヤながらであれ、相手の政治体制を認めれば、武力発動の可能性はぐんと減じますからね。

手嶋　シンガポール会談が実現したことで、当面、米朝戦争の危機は遠のいていきました。それを裏書きするように、アメリカ軍は米韓合同軍事演習をとりやめ、日本では北のミサイル飛来に備えて、住民がトンネルに隠れる「避難訓練」も中止されました。

佐藤　名立たる北朝鮮通の識者が「米軍の北朝鮮空爆は時間の問題」と煽り、安倍官邸は北のミサイルが発射されるたびにＪアラート（全国瞬時警報システム）を発動するような事態は、トランプと金正恩が顔を合わせることで一気に沈静化しました。

手嶋　その通り、外交の世界にあっては「すわ戦争か」という情勢下で、トップ同士がひざ詰めで会談する意味はこの上なく重い。現代史に例をとれば、真珠湾攻撃の直前、「戦争を何とか回避したい」という昭和天皇のメッセージを携えた近衛文麿特使の派遣が実現していたら、その後の局面は変わっていたはずです。

佐藤　そう、近衛文麿－フランクリン・ルーズベルト会談が行われていたら、おそらく真珠湾の奇襲は封じられていたでしょう。

手嶋　海軍の軍令部が挙げて反対する中で、真珠湾の奇襲作戦を主導した連合艦隊の山本五十六司令長官自身が、対英米開戦に頑強に反対していたのですから。

我々は簡単に「対英米戦争」と表現しますが、一九四一年に入ってもなお、英米同盟は必ずしも一枚岩ではありませんでした。日本軍が南進してイギリスとの戦争に突入しても、アメリカが局外中立を保つ可能性はゼロではなかった。逆に、首脳同士が会うことによって、誰もが覚悟した戦争を止めたのが、一九三八年のミュンヘン会談です。当時のチェコスロバキアのズデーテン地方の帰属をめぐって最後の交渉が行われた。アドルフ・ヒトラー（独総統）、ネヴィル・チェンバレン（英首相）、エドゥアール・ダラディエ（仏首相）、ベニート・ムッソリーニ（伊首相）が一堂に会していなければ、間違いなく戦争に突入していたでしょう。会談の末に締結された「ミュンヘン協定」は、結果としてナチス・ドイツの暴虐と裏切りを許し、悪しき「宥和政策」の典型として後に批判されることになります。しかし、協定をまとめあげて世界大戦を防いだチェンバレンを祖国イギリスの国民は「平和の使者」として歓呼の声で迎えたのでした。いざ戦争となれば真っ先に戦場に赴かなければならない青年たちにとっては、戦いをからくも食い止めてくれた政治指導者と映ったのでしょう。

「平和」を語ったイランの最高指導者

手嶋　さて、では六月の安倍首相―ハーメネイの「テヘラン会談」。日本のメディアの多くがこれを否定的に捉えるなか、我々だけが「この会談には意義があった」と肯定的な評価を下しました。そして首脳会談の直後に日本のタンカーが攻撃されても、そうした評価は全く変えませんでした。

佐藤　あの会談をポジティブに捉えた我々は確かに少数派でしたね。

手嶋　我々は取り立てて安倍寄りでもなく、首相官邸に気を使ったのでもありません。安倍総理が「トランプ・メッセージ」を携えてハーメネイ師と会ったことで、米・イラン戦争の可能性をかなり殺《そ》ぐことができたことを評価したからです。実際、トランプ政権内で勢いを増していたボルトン補佐官の「イラン撃つべし」という強硬論を押さえ込む効果がありました。

佐藤　あの会談が実現していなければ、武力衝突の可能性は現実にかなりのものだったと思います。

手嶋　ここでメディアが正面から取り上げようとしなかった安倍―ハーメネイ会談を複眼的に検証しておきたいと思います。

佐藤　会談を正確に評価する前提として、まずはイランという国は「神権国家」なのだという基礎知識を押さえておきましょう。イランの大統領は、西側同様に、国民による民主的な直接選挙で選ばれます。しかし、大統領が国家の実権を握っているわけではない。イランという国は、高位の聖職者たちが密室で選出する最高指導者の掌中にある「神権国家」なのです。

手嶋　核兵器や弾道ミサイルの開発も、その最高指導者が管轄して行っています。佐藤さんが言う「神権国家」の実態がお分かりでしょう。

佐藤　そう、安倍首相は、そうした「神権国家」の最高指導者、ハーメネイ師と会談したのです。そのこと自体が稀な成果だと認めざるをえない。ハーメネイに会いたくても、西側の首脳はこれまで会えなかったわけですから。特に「イラン核合意」からアメリカが離脱して以降は、イランは西側の代表団すら受け入れていません。そうした状況を考えるなら、首相の会談相手は、ロウハニ大統領というのが、当時の「相場観」でした。たぶん、アメリカもそう思っていたはずです。

手嶋　ところが、安倍首相の前に現れたのは、最高指導者たるハーメネイ師、これにはアメリカも驚いたはずです。

佐藤　そうだと思いますよ。とにかくハーメネイが何を考えているのかを、トランプ政権の側も知りたかったわけですから。

手嶋　そうだとすると、何ゆえにハーメネイ師が出てきたのか、そこを知りたくなりますね。

佐藤　それを読み解くために、格好の公開情報があります。タンカー攻撃と安倍―ハーメネイ会談があった二〇一九年六月十三日二十二時四十分、イラン政府が事実上運営する「ParsToday」というウェブサイトに興味深い記事が出ました。これはイラン政府の事実上の〝声明〟とみてよいと思います。安倍首相と会談の席上、ハーメネイ師は「トランプ大統領個人は一切メッセージを交換するに値しない人物だ」と述べたと報じています。

手嶋　しかし実際にはそう言いながら、安倍首相が携えていった「トランプメッセージ」には、ちゃんと耳は傾けたわけですね。

佐藤　そう、そこがポイントです。安倍首相が「トランプメッセージ」を携えてやって来ることをハーメネイは当然了承していました。聞く耳を持たないのなら、最初から安倍首相に会ったりはしないはずです。たとえ会ったとしても、メッセージの受け取りを拒んだでしょう。しかし、会談ではそうしなかった。

手嶋　むしろ、実態は逆だったのでしょう。イラン側としては、トランプ政権がどんなアプローチをしてくるのか、肝心のメッセージの中身が聞きたくて仕方なかった。(笑)

佐藤　そういう感じだったのでしょう。異例の速さで首脳会談に関する声明を出したのも、イランの立場をいち早く世界に発信したいという意思の表れです。

さて会談の中身はどうだったのか。会談後の囲み取材に応えて、安倍首相は「ハーメネイ師からは、核兵器を製造もせず、保有も使用もしない。その意図はない。するべきではないとの発言がありました」と述べています。ここで重要なのは「国家の最高権力者は、外交においては嘘をつかない」という国際ルールなんです。国家の最高権力者というものは、真実について、すべてを言わないことはあっても、嘘はつかないものなのです。

手嶋　国家がそうした禁を破って安易に嘘をつけば、国家そのものの権威が地に墜ち、存立基盤を揺るがすことにもなりかねません。そういう意味ではトランプ大統領も、選挙公約に掲げたTPPやパリ協定から離脱して嘘はつきませんでしたね。(笑)

佐藤　そのルールに照らせば、ハーメネイは安倍首相に嘘はつかなかった。あのタイミングで「核兵器は作らない」という言質を引き出したことは、極めて大きな意味があるわけですよ。

手嶋　アメリカは、イランの核開発を理由に武力介入を仄《ほの》めかしてきました。イランの最高指導者が「核開発はやらない」と安倍総理を介してアメリカに伝えた――。ここからは「我々はアメリカと戦争をしたくない」というイランの最高指導部の本音が透けて見えてきます。

佐藤　重要な指摘です。そして、アメリカ側もその重要シグナルをちゃんと受け止めたはずです。

手嶋　「トランプはメッセージを交換するに値しない」という虚勢と、「戦争したくはない」という本音――。情勢を見誤らないためには、ハーメネイ発言の襞《ひだ》に深く分け入って、その真意を読み取る必要があります。

このように安倍首相がイランを訪問して引き出した成果は誰も否定できないはずです。しかし、それだけに、利害が鋭く対立する両者に割って入る「仲介外交」は、多くのリスクを伴い、想像以上に苛烈なものなのです。戦後の日本には、こうした仲介外交の経験はほとんどなく、メディアもまた取材の蓄積がない。ですから、「仲介は失敗」などとせっかちな報道になるのでしょう。「イスラムの核」に手をのばしつつある中東の大国との対決が火を噴きかねない危局で、安倍総理が最高権力者に会っただけで、すんなりとアメリカとイランの対話が始まる、そんな生易しい情勢ではないことを冷静に受け止めておくべきでしょう。

佐藤　安倍首相のイラン訪問で、直ちにアメリカ・イランの〝雪解け〟が進むなどと考えていた人間は、世界の外交専門家やインテリジェンス機関の分析官には、一人もいません。好意を寄せている人とデートにこぎつけた初日に「結婚承諾のサインを」と迫る人がいるでしょうか（笑）。最高指導者ハーメネイを引っ張り出して、ともかく「平和」の言質を引き出した。それだけで、大きな成果だったと評すべきです。日本外交にとって近年にない〝金星〟。これが私の評価です。

情報大国イランの底力

手嶋　イランの真意を推し測るうえでは、ハーメネイ発言の真意を探り、佐藤さんが注目するイラン政府の代弁メディア「ParsToday」を細かくチェックすることも重要です。

佐藤　会談後の安倍首相の発言とはややニュアンスの異なる発表なのですが、そこにヒントが潜んでいる可能性があります。確かにじっくり読み込んでみると「イランが本当に言いたいこと」が透けて見えてくる、興味深い文章が綴《つづ》られています。

この中でハーメネイ師は、トランプ大統領に対する不信感を露わにしています。ただ、それは主としてイラン国内向けの発言と捉えるのが正しいと思います。

手嶋　イランは国内に強硬な保守派も抱えていますからね。

佐藤　しかし、ハーメネイは、「返す刀」で、ちゃんと外向けのメッセージも発信している。ポイントは二点。まず一つ目は、核開発に関する次のくだりです。

「我々は核兵器には反対である。私は核兵器の製造を禁止する教令を発令している。だが、覚えておいていただきたいのは、もし我々が核兵器の製造を望めば、アメリカには為す術はないということである。アメリカの許可がないことは何の障害にもならない」

後段で強がってはいますが、少なくとも現状では核兵器を製造するつもりはないと明言しています。

手嶋　裏返すと、「イランが核開発を余儀なくされるような振る舞いをアメリカがしない限りは、我々は核に手を伸ばさない」と読めます。本当に核開発を断念しているのかどうかはともかく、イランの言いたいことは伝わってきますね。

では、佐藤さんの着目したもう一つのポイントを聞かせてください。

佐藤　「核合意後すぐに、合意に違反した最初の人物はオバマ大統領で、彼はイランとの交渉を要求し、仲介者まで派遣した本人であった」という部分です。当時、オバマ大統領がどんな違反をしたのかは明示していませんが、わざわざ前大統領の名前を持ち出した発言の真意は何か。

私はテヘランの真意を次のように読み解きます。ハーメネイ師は、あえてオバマ大統領の名前を挙げて「不誠実だ」とこき下ろした。言いたかったのは、メッセージの交換に値しないトランプ大統領は、「オバマと同格だ」と言っているように思います。その不誠実なオバマと、しかしイランは取引をした。だから、トランプ大統領に向けても、「トランプさん、あなたともオバマと同じレベルの取引ならできますよ」というシグナルを発しているとみています。

手嶋　外交の世界でやり取りされる修辞は、ことほどさように奥が深いですね。イラン側も、トランプが忌み嫌うオバマをだしに使って、トランプに秋波を送ったというわけですね。一見すると対米強硬路線の発露のように読める文章のなかに、「戦争はしたくない」「経済制裁をやめてもらいたい」というメッセージをちゃんと込めています。

佐藤　付け加えれば、この媒体はなんと自ら日本語訳まで用意しています。会談の当日夜に発信するというスピード。情報大国イランの基礎体力、そしてインテリジェンス能力の高さに驚嘆するしかありません。

手嶋　実は北朝鮮も、ダミーのメディアを介して日本語でしっかりした声明を出しています。

佐藤　皮肉を込めて言えば、「日本のメディア任せにして、我々の言い分を誤解されては困る。だから自前の報道を日本語で用意した」ということなのです。

手嶋　実際に佐藤さんは、日本のメディアだけに頼らず、一連の声明をちゃんとチェックしています。それだけで彼らの努力は報いられていますよ。（笑）

佐藤　他者に頼らず、一刻も早く自分たちの立場を世界に発信する。しかも、立派な日本語訳まで用意している。その対象の読者は日本国民ではなく、明らかに首相官邸と外務省です。

手嶋　対外発信という点では、我々も見習うべきでしょう。全く素晴らしい。

佐藤　しかも、ご丁寧にメッセージを述べるハーメネイ師の動画まで付いている。そこまでやるのも、国益がここの瞬間にかかっているという認識を、彼らが強く持っている証しだと思うのです。

「下品力」を鍛えよ

手嶋　安倍首相にメッセージを託したトランプ大統領の意図にも触れておきましょう。

核合意からの離脱に際して、「イランに史上最強の制裁」を加えると発言したトランプ大統領。強気の姿勢が際立ちます。ただ、金正恩のことも悪し様に罵っていたのですが、シンガポールでの米朝首脳会談にはちゃんと応じています。しかし、強硬な対決姿勢はトランプという人の本音ではないのでしょう。対決一辺倒なら、安倍総理に仲介役など頼まないはずです。

佐藤　強硬姿勢をちらつかせつつ、なんとかイランの真意を探りたかった。

手嶋　安倍首相は、ハーメネイとの会談後に「先般、トランプ米大統領と会談をした際、トランプ氏からは事態のエスカレートは望んでいないとの旨の発言がありました」と述べました。トランプメッセージの中身は公表されていませんが、その基調はこれに沿うものだったと思います。

トランプという人の本質は、したたかなビジネスマン。自分をディール、取引の天才と思っている節も窺えます。ディールをあきらめて、膨大な戦費を使い、大量の流血を伴う戦争はしたくない。トランプという政治家にとって、戦争こそ最悪の選択なのです。

北朝鮮との対話に舵を切ったのも、朝鮮半島での戦争はしたくないからでしょう。米朝首脳会談の後は、米韓合同軍事演習も一時中止にしました。本来、軍事演習は、長期間やらなければ、有事への備えは錆《さび》びついてしまう。軍事当局はそれを懸念しているのですが、トランプという人は、軍事演習であれ、金のかかることはやりたくないのです。

佐藤　「Ｂ29がグアムから飛べば、どのくらいの時間と金がかかるんだ」と制服組にもしつこく尋ねるといいます（笑）。この人の論理は「金持ち喧嘩せず」なんですね。

それにしても、トランプという指導者は、北朝鮮と向き合うなかで、発信するメッセージにも一段と磨きがかかってきたように思います。二〇一九年五月のトランプ訪日に関連して、北朝鮮の「朝鮮中央通信」が、北に批判的な姿勢を取っていたジョー・バイデン前副大統領を「低ＩＱ（知能指数）のバカ」と呼んだのに応えて、「自分も同意見だ」とツイートしました。さらに記者会見でも「金正恩朝鮮労働党委員長は、バイデン氏のことをＩＱが低いと指摘した。おそらく彼の経歴に基づけば確かにそうだろう。私は金委員長に同意するよ」とまで言い放ったのです。

手嶋　トランプ大統領は、東京に滞在中、そう発言したのですが、さすがに帰国後、「北朝鮮を支持するとは何事か」と批判にさらされました。

佐藤　強権的な「敵」の口車に乗って、国内の政敵を批判するとは――と大いに顰蹙も買いました。しかし、トランプはこれしきの批判など一向に意に介していない。バイデンは、来るべき大統領選で民主党の大統領候補の指名を目指す有力なライバルです。トランプといえども口にできなかったフレーズを自分に代わって金正恩が言ってくれた、と内心では快哉を叫んだのではないでしょうか。

手嶋　次期アメリカ大統領選挙に事寄せていえば、金正恩政権こそ「最大のトランプ支持派」です（笑）。北の強権体制にとっては、これ以上の交渉相手は望めないのですから。「バイデンは低ＩＱのバカ」というのは、本当はトランプに向けた選りすぐりのメッセージだったのかもしれませんね。

佐藤　イランは、そんなやり取りもちゃんと見て、学習していたはずです。そして、こういう感性を持つ人、あえて言えば「感度のいい人物」には、政敵のオバマを引き合いに出せば効き目があるだろう、と踏んだのではないでしょうか。

手嶋　「東部エスタブリッシュメント」と呼ばれる、アイビーリーグ（米北東部の八つの名門私立大学）出身の知識人は、トランプの児戯にも等しいこうした言動を「語るに落ちる」と一言で切り捨て、それ以上深追いしようとしません。それは日本でも同様です。ところが、我らが佐藤ラスプーチンは、あまり上品とは言いかねる言葉のやりとりに着目し、国際政局で繰り広げられる情報戦の裏の裏まで解き明かしてしまう。自らの品格まで疑われる危険を冒して、敢えて分析を試みる姿勢には感服します（笑）。皮肉で言っているんじゃありませんよ、誤解のなきように。

佐藤　いや、外交の世界では、トランプのような一種の「下品力」こそ、非常に重要な意味を持つようになった、と最近、真面目に思っているんですよ。

手嶋　えっ、下品力。これは、ラスプーチン流の造語ですか。それにしても、言い得て妙だなあ。

佐藤　批判を恐れず、どこまで下品なことができるか。例えば、ハーメネイ師もまた宗教指導者であるにもかかわらず、かなり下品だと言わざるをえない。安倍―ハーメネイ会談の席上、安倍首相が「アメリカ大統領のメッセージを閣下にお渡ししたい」と申し出たところ、ハーメネイ師は「貴殿の善意と真摯さに疑いを持っていない」と言いながら、トランプ大統領に対しては「何の回答も持っていないし、回答することもないだろう」と冷たく応じています。安倍首相をあたかも〝使い走り〟に見立てて門前払いにしています。

手嶋　しかも、このイランの最高指導者の本心は全く別のところにある。

佐藤　その通り、相手を手厳しく非難し、仲介を拒む素振りを見せながら、「俺の真意を汲み取ってくれ」とシグナルを送る。決して品格のある対応ではありません。しかしながら、国益のためには、そんな下品力が求められる局面もあるわけですね。

他方、ハーメネイ師との会談を見て、わが安倍首相の意外な強さが伝わってきます。安倍首相が下品なことを言うわけではありませんが、扱いの難しい国家元首にも実に自然体で対峙できる、そんな特殊な力を秘めている。フィリピンのロドリゴ・ドゥテルテ大統領、トルコのレジェップ・タイイップ・エルドアン大統領といった、国際的な下品コンクールでも、上位にランクされる指導者と渡り合っても、かなりいけるんですね。アンゲラ・ドロテア・メルケルさん（独首相）とか、テリーザ・メイさん（英前首相）は、そういう下品な人は生理的に受け付けないのでしょう。会うと眉間に皺《しわ》が寄ってしまう。それとは好対照ですね。

手嶋　そうした対応力の源は、安倍さんの雑談力です。長く首相をしていますから、雑談力にはさらに磨きがかかっています。下品力では見劣りがしても、お国のために対抗することは十分にできる。これからも外交の場で精一杯活用してもらいたいですね。

佐藤　そう、何ごともお国のためと心得て取り組んでいただきたい。

安倍―ハーメネイ会談が実現していなければ

手嶋　安倍首相がハーメネイ師に「トランプメッセージ」を渡した会談の後も、イランをめぐっていろんなことが起きました。

佐藤　会談から一週間後の六月二十日早朝には、革命防衛隊がイラン南部ホルムズガン州のオマーン湾近くで、アメリカの無人偵察機「グローバルホーク」を撃ち落としました。イランは「米軍機が領空侵犯をしていた」、アメリカは「していない」と双方の主張は真っ向からぶつかりました。トランプ大統領は、一度、イラン攻撃を命じかけますが、「一〇分前に中止した」とツイッターに書き込みました。

手嶋　直前に軍関係者から、攻撃すれば一五〇人の死者が出ると聞かされたからだ、というストーリーを語りました。

佐藤　それが事実かどうかは別に、私はこの攻撃中止の決断にも、安倍―ハーメネイ会談が影響したと思っています。あの会談がなければ、すなわちハーメネイの胸中が不明のままだったら、報復攻撃にゴーサインを出していた可能性がかなりあったのではないでしょうか。アメリカがイラン攻撃に踏み切れば、当然ＮＡＴＯ諸国も米側に立ってスクランブル体制をとるということになりますから、世界の景色は今と変わっていたはずです。

手嶋　「なぜやらないんだ」というアメリカ国内の声がトランプを突き上げた。そこでトランプも攻撃に前のめりになったのですが、そこは損得の計算が働いたのでしょう。

佐藤　そうです。米国内の対イラン強硬論を抑える上でも、トランプのメッセージをハーメネイが安倍首相から直接受けたという事実には大きな意味があるのです。

そもそも、あのタンカー攻撃自体、西側陣営の人間が誰もコンタクトできない状況で起こっていれば、「イスラム革命防衛隊の仕業」というＣＩＡ情報を基に、アメリカがイランを叩いていたかもしれません。

イランは、核合意を超えたウラン濃縮にも着手しましたよね。彼らは「制裁の結果、医療用の濃縮ウランに支障が生じている」という理屈立てをしています。そうした釈明が関係諸国の間で一定の説得力を持って受け止められたのも、安倍―ハーメネイ会談があったからこそでしょう。「核合意違反だ」と反イラン包囲網がすぐにできるような状況には少なくともなっていない。これは「核の製造はしない」というハーメネイの一言が功を奏していると思います。やはり、安倍首相への発言は、非常に大きな意味があったと受け取るべきです。

手嶋　ただ、今から考えても、イランがアメリカの偵察機を撃ち落とすというのは、本当に危険な行為でした。国際社会は一九六二年十月のキューバ危機を思い出して戦慄したはずです。あのときカストロは、独断で米軍のＵ２型偵察機を撃墜し、キューバ危機は緊張のピークに達したのです。通常なら即戦争、それも核戦争になるところだった。ところが米ソにはバックチャンネルが機能して、かろうじて核戦争は回避されました。ジョン・Ｆ・ケネディは、クレムリンとの阿吽の呼吸で、なんとか危機を乗り越えたのです。今回のイラン危機では、結果的に日本のバックチャンネルがかなりの役割を果たしたと思います。

佐藤　全くその通りなのですが、当の日本の首相官邸や外務省が、その意味に十分に気づいていない節がある。誉《ほ》めておいてこういうことを言うのも気が引けるのですが、私の「下品力」を総動員したたとえ話をすると、パチンコ好きのおじさんが、ちょっと背伸びしてテヘランの鉄火場に行ってみた。ところが、そこは「丁半揃《そろ》いました」の「総長賭博」が行われているという恐ろしい世界だった。

手嶋　いつものパチンコ仲間は、誰一人いない。（笑）

佐藤　幸い博打には負けずに帰ってこられたものの、いたく肝を冷やした。二度と足を踏み入れないようにしよう――。おそらくそんな感じなのでしょう。

手嶋　そうですね、せっかく外交的な成果をあげたのに、その後は事態の打開に動いた形跡がありませんから。本当は、「金星相撲」の翌日からが大事なのですが。

とはいえ、米・イラン衝突の危機を当面回避させたという点で、会談には大きな成果があったということは、再確認しておきたいと思います。

佐藤　くどいようですが、二人が会っていなければ、西側はハーメネイが何を考えているのか分からないまま、ハーメネイもトランプの意図が全く摑めないまま、両者の望まない不測の事態を招いていたかもしれません。

石油だけではない。日本とイランとの浅からぬ縁

手嶋　アメリカとイランの緊張が高まるなかで、日本が外交交渉のバックチャンネルになり得たのは決して偶然ではありません。

佐藤　日本とイランの間には、浅からぬ歴史があります。さきほどの「Pars Today」の声明の中でも、ハーメネイはわざわざ「一部の不満もあるにはあるが、我々は日本を友好国とみなしている」と述べています。

手嶋　確かにイランは、経済大国の日本にとって、石油という重要な資源を有する国です。『海賊とよばれた男』（百田尚樹著）にも描かれたように、一九五〇年代に日本の石油会社がメジャーに挑んでイラン原油の権益を手にした。ピーク時の七〇年には、イラ

ン産原油は輸入量の四割を占めるまでになったのです。七八年にイラン革命が起き、米・イラン関係は大使館の人質事件で途絶えてしまいますが、革命後も日本はイランと良好な間柄を保ち続けます。

佐藤　そうして築かれたテヘラン・東京の揺るぎない絆が、日本のインテリジェンス史に残る〝金星〟も生むわけですね。

手嶋　そうです。九一年の湾岸戦争の開戦前夜、斎藤邦彦・駐イラン大使に率いられた情報チームが、超ド級の極秘情報をワシントンに届けたのです。イラク空軍機が編隊で飛来し、イラン空軍の基地に収容された。多国籍軍の盟主アメリカにとっては、イランがイラクに味方すれば、背後を衝かれて戦局は一変してしまいます。日本を通じてイラン側の意図を何としても探りたかったのです。

佐藤　アメリカは、来るべき湾岸戦争でイランが果たしてどんなスタンスをとるのか、日本経由のインテリジェンスこそ、ホワイトハウスにとっては頼りだったのでしょうね。

手嶋　イラン政府は、イラク軍機は大量に引き受けたが、来るべき湾岸戦争では局外中立を堅持する。だから「攻めないでくれ」というシグナルを日本経由でワシントンに送ったのです。それゆえ、最高度の機密情報を敢えて日本に漏らして、アメリカに伝達させたのだと思います。近年では日本とのつながりも陰りが見えましたが、パイプはまだ健在とみていいでしょう。

佐藤　イラン革命以後も良好な関係が続いたことが、安倍－ハーメネイ会談を実現させた背景になっていますね。

手嶋　ちなみに、それに先立つ一九八〇年代半ばに起きたイラン・イラク戦争のときには、安倍首相の父、当時の安倍晋太郎外相がイランを訪問して、停戦を呼び掛けるという出来事がありました。従来ならフランスや新興の外交大国ドイツあたりの役回りになるはずなのですが、全く機能せず、戦いは膠着状態にあったのです。

佐藤　安倍首相も外相秘書官として同行したのですね。

手嶋　もし停戦を実現させていたらノーベル平和賞ものだと評されましたが、結局日の目は見なかった。しかし、日本の対イラン外交という点では、それも大変な資産になったわけです。

若き安倍晋三氏の胸にもその経験は深く刻まれて、その後、父親が志半ばで亡くなったこともあって、「いつか再び」という気持ちを強く持っていたのでしょう。だから、トランプ大統領にも、折に触れて「イランには土地勘があります」「仲介役を引き受けますよ」という話をしていた。そういう意味でも、あのイラン訪問は偶然ではなかったのです。

長期政権が吉と出ている

佐藤 実際に行ってみたら「総長博打」だったのには驚いたけれど、あのイラン訪問には戦略があったわけですね。そのかけらもなかったのが、二〇一二年の鳩山由紀夫元首相がイランに出かけた「事件」でした。みんなもうあのときの騒動を忘れていると思うのですが、彼は首相官邸や外務省、民主党の反対を押し切ってイランに行ったのです。

手嶋 いや、あれほどひどい首相経験者の外交はほかに例がありません。

佐藤 結局、会えたのは当時のアフマディネジャド大統領止まりだったのですが、イラン側としては、自らの核開発を正当化するうえで成果があった。結果的に、鳩山氏はそれに手を貸し、欧米と同一歩調を取る日本外交の足を引っ張ったわけです。本人には、全くその自覚がなかったのですが。

手嶋　単なる政治的パフォーマンスだったのだけど、国益の棄損という代償は大きかった。本人に自覚がないことが空恐ろしい。

佐藤　あの行動と対照してみると、安倍イラン訪問の意味がより鮮明になるでしょう。安倍首相の在任期間が長くなるにつれて、国際社会では存在にそれなりの重みが出てきていますね。

手嶋　その点は率直に認めるべきでしょう。ころころと交代する日本の首脳では、こういう重大な局面で「仲介外交」を繰り広げることなど考えられません。こと首脳外交では、長きことは貴きことなのです。

佐藤　一つ重要なのは、タンカー攻撃に関して、岩屋毅防衛相（当時）が「自衛隊を派遣する考えはない」という見解を速やかに示したでしょう。無理やりにでも自衛隊を送って日本の「軍事力」を誇示しつつ、政治基盤を強化するといった選択もあり得たのですが、それをやらなかった。

手嶋　前にも話したように、安保法制の集団的自衛権の論議のときには、まさにこのホルムズ海峡が焦点になりました。

佐藤　そうです。今回は日本企業が運航する船舶が攻撃されたのだから、集団的自衛権ではなく個別的自衛権の範疇で理由を付けることもできたかもしれませんが、それでも冷静に対応した。二〇二〇年初めにも中東地域での情報収集を強化するために自衛隊をホルムズ海峡を含む中東に派遣することも検討されていますが、これは戦闘を前提としていない。全体に日本外交に一種の「落ち着き」を感じます。

安倍政権の初期の頃だったら、掃海艇派遣に勇み立っていたかもしれません。事件直後に「自衛隊は送らない」とひとこと言うことで、中国や韓国などの近隣諸国に一種の安心感を与えることができた。

手嶋　ただ安倍官邸は、時に外交を政権浮揚のテコに使おうとするきらいがあります。しかし近視眼的な外交は必ず破綻します。日本外交が幅を広げつつあるいま、ニッポンが秘めている潜在力を国際社会のためにこそ役立ててほしいと思います。

現時点で、イラン情勢は今後、どのように推移していくと読みますか？

佐藤　イランの革命防衛隊による米無人偵察機撃墜などの突発事態は今後、いくつも起きると思います。一九年七月と八月には、ホルムズ海峡で、相次いで外国船籍の石油タンカーを拿捕しました。

手嶋　七月に拿捕したのは、イギリス籍の船でした。直前にイギリス領ジブラルタル沖で、シリアへの石油輸送の疑いでイラン籍のタンカーが拿捕されたことへの報復とも言われました。

佐藤　その後、ジブラルタル自治政府は、イランのタンカーを解放しています。

というように、不確定な要因がいろいろ多く、予断は許しません。

手嶋　安倍訪問は大きな役割を果たしましたが、だからといって、アメリカとイランの戦争を完全に封じたわけではありません。

佐藤　そうです。そのうえで、あえて希望的観測も込めて言えば、中期的には、中東地域が安定化の方向に向かう可能性が出てきたのは、事実だと思います。とりあえず、両者がお互いの腹の内に触れた。特にイランは、あのホルムズ海峡周辺のタンカー攻撃事件以降の状況を見て、周辺の軍事組織への支援はほどほどにしておかないとブーメランのように自分たちに大きな不利益をもたらしかねない、と学んだのではないでしょうか。

手嶋　そうあってほしいですね。そして日本としては、せっかく独自外交の幅を中東にも広げたのですから、長期的な視野に立って粘り強く仲介役を担っていくべきです。「羹《あつもの》に懲りて膾《なます》を吹く」ようなことがあってはいけません。一度のタンカー攻撃に驚きあわて、中東外交から身を引くようなことはあってはならない。いまのニッポンは、戦争を未然に防ぐ役割を担うだけの潜在力を備えていることを自覚すべきでしょう。

第5章

米朝蜜月と米中衝突の果てに劣化する日米同盟

恋に落ちたトランプ・金正恩の行方

手嶋　トランプ・ドミノ――欧米の戦略専門家と議論していると、彼らは時折、そう表現します。異形の大統領、ドナルド・トランプの登場によって、世界の風景が塗り替えられていく、それはドミノ現象を思わせるというのでしょう。

佐藤　確かに、中東地域を見ても、トランプは、過去のいきさつなどお構いなしに、イスラエルのアメリカ大使館をテルアビブからエルサレムへ移転すると約束し、実行してしまった。あまりに露骨なイスラエル擁護の政策をどんどん推し進めていきました。このトランプの一手は、中東の大国イランを一層怒らせ、地域に強烈な軋轢を生んでいます。まさしくトランプ・ドミノが巻き起こす現象が我々の眼前に繰り広げられている。

手嶋　その一方で、朝鮮半島には、別種のトランプ・ドミノが進行しています。北朝鮮の「核の脅威」を取り除くと称して、米朝の直接対話に舵を切りました。あろうことか、異形の大統領は、「金正恩と恋に落ちた」と囁《ささや》いて、直取引に乗り出して、世界を驚かせました。

佐藤　トランプと金正恩は、二〇一九年六月三十日、韓国と北朝鮮の軍事境界線にある板門店で直接会談を行いました。一八年六月のシンガポール会談、翌一九年二月のハノイ会談に続いてこれが三度目の顔合わせでした。

手嶋　トランプがいう「北の非核化」は、一連の米朝首脳会談を通じて実現しなかった。その一方で朝鮮半島の景色をガラリと変えてしまったことは認めざるを得ませんね。首脳会談が実現する前の二〇一七年の暮れまでは、「いざ、第二次朝鮮戦争か」と日本のメディアが騒ぎ立てていたのですから。ただ、そのさなかから、我々が分析してきたように、水面下では米朝の接近は秘かに始まっていました。

佐藤　そう、一連の米朝両首脳は、東アジアの戦略風景をすっかり塗り替えた感があります。冷戦が終わってもなお南北に分断されてきた二つの国家が融和に向かい、それに伴って韓国の半島国家化が進んでいった。さらには朝鮮半島と日本列島を隔てる「新アチソンライン」が出現したことを、この対論シリーズで読み解いてきました。その結果、日本の安全保障をめぐる大国間のパワーバランスも大きく様変わりしてしまった。

手嶋　確かにそう読み解いたのですが、我々の予測は、いささか大胆で時期もやや早すぎたきらいがありました。「あの二人の近未来予測は、面白いかもしれないが、フィクションだ」という指摘が、各方面から聞かれました。そして、二度の直接会談に続く三十八線上の出会いも、単なる「政治ショー」に過ぎないという見方がいまだに消えていない。

佐藤　とんでもない。一国の最高首脳がどこで会うのかは極めて重要な意味を持っています。板門店では、会談前に象徴的なシーンがあったことを思い出すべきです。まず出迎えた金正恩に対してトランプが「そちらに渡ってほしいか」と訊《たず》ねた。休戦ラインである三十八度線を越えて、北朝鮮の領土に足を踏み入れてほしいか、と確認したのです。金正恩は間髪を容れず「そうしていただけると大変に光栄だ」と返した。これを受けてトランプ大統領は、境界線を跨《また》ぎ、わずか二分間だけですが、北の領域に留まりました。芝居がかって見えるかもしれませんが、米朝両国は未だに休戦状態にある、言い方を変えると「戦争状態は終わっていない」のですよ。その事実を思い起こしてもらいたい。

トランプも金正恩も、その人格が国家を体現している。その一方が、北の領域に足を踏み入れた。それは、トランプが北朝鮮の国家としての存在を完全に認めたことを意味します。さらに言えば、「アメリカ大統領たる私は、あなたの国を、そして指導者たるあなたを武力によって倒すようなことはしない」、そうしたメッセージを身をもって示したわけですね。

手嶋　そのシンボリックな意味は大きい。歴代の大統領が誰もなしえなかった決断と行動です。誤解のないように言っておきますが、トランプを称賛しているのではありません。大統領の行動が、東アジアの戦略地図を塗り替えてしまった、その事実は認めざるをえないと言っているのです。トランプがあえて休戦ラインを越えた――トランプの行為を、レジームチェンジ、体制転換に手を染めない証しとして、北側は受け止めて安堵したのでした。

佐藤　その通りです。我々は、勝手にそう解釈しているわけではありません。板門店の会談について、北朝鮮政府が事実上運営するウェブサイト「ネナラ」は「朝鮮中央通信」を転載して次のように述べています。

「敬愛する最高指導者は、（略）今後も自身とトランプ大統領との立派な関係は他人が予想もできないよい結果を引き続き作り出すであろうし、ぶつかる困難と障害を克服する神秘な力として作用するであろうと語った」

トランプの大胆な行動が、米朝関係の位相を変える「神秘な力」、ミステリアスな力として作用したと公式に認めているのです。（笑）

手嶋 前にお話ししましたが、最初の米朝会談となったシンガポール会談の際にも、米朝間では、板門店が候補に挙がっていました。トランプ―文在寅の電話会談では、文在寅大統領が板門店を強く推し、それに決まりかけました。文在寅大統領としては、自らの提唱で、歴史的な米朝首脳会談が板門店で開かれれば、低迷する支持率を挽回するきっかけにできますから。この電話会談を傍聴していたホワイトハウスの高官が、慌てて日本側に連絡してきたのです。

佐藤 ホワイトハウスの対北強硬派は、そもそも北との直接交渉はしたくない、できれば決裂させたい、という立場でしたからね。

手嶋 その筆頭格が、トランプとの軋轢が嵩じて政権を去った国家安全保障担当大統領補佐官のジョン・ボルトンです。彼は、力の行使も辞さないという強硬な姿勢こそ、北朝鮮に核兵器を廃棄させる決め手だと考えていましたから。

佐藤　そんな「力の信奉者」たちにとっては、三十八度線で会談に応じれば、アメリカは、北の強権体制を保証するというメッセージを送ったことになると考えたのでしょう。

手嶋　そこで、「このままでは、会談は板門店に決まってしまう。安倍首相からぜひ巻き返しをしてもらいたい」と、直接、日本側の高官に連絡してきたわけです。安倍首相も、米朝の余りに性急な接近には危惧の念を持っていたため、トランプ大統領を説き伏せ、結果的にシンガポールに決まったという経緯があります。

佐藤　安倍首相がトランプ大統領といかに親密かを示す例ですね。外交では相手の懐にこれくらい踏み込んでいなければ、影響力を発揮できない。

手嶋　そうなのですが、日本側が望んだ「核の廃棄」や「拉致問題の解決」が、進展したわけではありません。シンガポール、ハノイ、板門店と直接会談はしたものの、実のある合意には至りませんでした。現状では、トランプが北の体制保証をさせられただけという厳しい見方もでています。

佐藤　とりわけ、ハノイ会談では、トランプは交渉の途中で席を立ち、北朝鮮が全面的な制裁解除を求めた、いや、そんなことは言っていないと、不協和音も生まれました。にもかかわらず、この二人の指導者はいまに至るまで、厚い信頼で結ばれている。それは先の「ネナラ」の報道でも明らかですよ。それどころか、ますます絆を深めている感じすらします。ここが、いまの米朝関係を読み解く上での難所になっていますね。

手嶋　我々外交のオブザーバーから見ても、二人の関係は、尋常ならざるものがあります。トランプは、得意のツイッターを通じて「金正恩委員長が読んでいれば」という前書きで、じかに首脳会談を呼び掛けたりしています。この「トランプ・ツイート」という行為には、従来の外交の常識や慣例を打ち破った点で、重要な意味が内包されている。いまだに戦争状態にある国の最高責任者に直接対話を呼びかけているのですから。

佐藤　私も外交官だったので身に染みるのですが、トランプ流の首脳外交が主流になれば、職業外交官は失業の憂き目にあうかもしれない（笑）。近代外交の礎は、十八世紀のフランスが生んだ偉大な外政家、タレーランによって築かれました。タレーラン以来、一国の外交には、必ず官僚機構、外交当局が介在してきました。首脳同士の電話会談は、外目には、直にやり取りをしているように見えるかもしれませんが、実は違うのです。秘話装置の付いた電話回線には、双方の通訳が介在し、たとえ二人が英語でやり取りする場合も、双方の高官が陪席して電話に耳を傾け、精緻な記録が残されます。事前に応答要領も準備され、首脳が失言をしても、手練《てだ》れの通訳が微妙に修正して事なきを得る場合すらあるんです。

手嶋　トランプが多用する「ツイート」は、外交当局のチェックを経ていないケースが大半で、まさしく危険がいっぱいです。

佐藤　このトランプ―金正恩の直取引で、排除されてしまったのは、アメリカ国務省だけじゃない。それまでは、米朝の仲介役を自任してきた韓国の文在寅大統領も被害者の一人です。もともと、金正恩もトランプも彼を信用して、仲介役を頼んだわけじゃない。ですから、直取引の仕組みができ上がれば、お役御免で文在寅にお引き取り願うことになったんですよ。

手嶋　さらにもう一人、中国の習近平国家主席も、米朝の仲介者としては、このところぐんと影が薄くなっています。板門店会談の一〇日ほど前に、習近平国家主席はわざわざ平壌を訪れて金正恩委員長と会談しています。それによって、アメリカに対して「中国こそ北の胸の内を一番知っている」と影響力を見せつける狙いがあったはずです。しかし、これもトランプ－金正恩の直取引が可能になれば、中国の米朝双方への影響力は限定的になってしまいます。米中関係が全面対決の様相を呈していることも、北京の影響力を殺《そ》いでいます。

佐藤　いまの指摘は重要です。あの板門店の会談は、G20で大阪を訪れていたトランプ大統領が、前日にツイッターで呼びかけたのがきっかけでした。金正恩がトランプの呼びかけに直ちに応じたことで電撃的に実現したということになっています。しかし、どうも出来過ぎという感じがしますね。あれは、水面下の中国の工作も含め、周到に準備されたものだと考えるべきでしょう。

手嶋　すくなくとも、表の呼びかけとは別のもう一つの「バックチャンネル」があったと思います。

佐藤　ええ、状況証拠があります。例えば『朝日新聞』は、次のように報じました。

〈2018年6月のシンガポールで初の首脳会談が開かれてから1年を迎えるころ、正恩氏がトランプ氏に親書を送り、これに対してトランプ氏が返信した。

このやりとりは、通常とは違うルートで行われた。北朝鮮内部の事情に詳しい複数の関係者によると、北朝鮮は米国務省ではなく、大統領に助言する米国家安全保障会議（NSC）に接触を図った。一方、トランプ氏の返信はニューヨークの北朝鮮国連代表部を通じてではなく、米政府高官がわざわざ平壌を訪れて届けた。親書の交換を通じて、高いレベルの接触が水面下で行われた可能性がある。

正恩氏はトランプ氏の返信に、「興味深い内容について慎重に考えてみる」と述べた。韓国の北朝鮮専門家は「どちらが先かは分からないが、以前から板門店会談について米朝間でやりとりがあった可能性もある」とみる〉（二〇一九年七月一日「朝日新聞デジタル」）

手嶋　この記事には、非常に興味深いインテリジェンスが内包されています。ただ、一般の読者には、行間からその意味を汲み取ることが少し難しいですね。

佐藤　それじゃ、上記の記事に少しだけ補助線を引いて読み解いてみましょう。米朝の「シンガポール共同声明」では、今後の米朝交渉に関しては「アメリカ側の窓口は、マイク・ポンペオ国務長官」と明記されていた。ところが、今回、北側はこのルートを使わずに、NSCに直接働きかけた。ポンペオ・チャンネルでは交渉が進まないと苛立ちを募らせ、金正恩が直轄するインテリジェンス機関の高官が、アメリカのNSCとの間に裏チャンネルを作った。これが私の見立てです。

手嶋　北からのシグナルへの返信を、アメリカの高官がわざわざ平壌に出向いて届けに行ったわけですね。

佐藤　そう、平壌に入るには、中国を経由しなくてはなりません。その際、トランプ氏の親書を携行した特使は、アメリカが三度目の米朝首脳の接触に向けて動いていることを、中国側にも内報した可能性があると思います。

手嶋　北への接触に通過ルートを提供したわけですから、習近平政権は何らかの形でインテリジェンスを受け取った節がある。北京の側も、北の最新情勢を特使にそれとなく伝えた可能性は排除できません。

佐藤　アメリカ・北朝鮮・中国は、水面下で活発な情報戦を繰り広げていたんですよ。一方の韓国の文在寅大統領は、板門店会談の情報を、おそらく、前日に初めて知らされたと思います。しかし、邪魔するわけにはいかない。韓国の頭越しに、米朝がじかにセットした日程通りに協力するしかなかった。結局、トランプ大統領に板門店まで同行し、両首脳と短時間あいさつし、写真に収まっただけで、かろうじてメンツを保ったわけです。それで〝お役御免〟になってしまった。

金正恩は、大統領再選を願うトランプ派

手嶋　今回の板門店会談の意味を正確に読み解くには、一九年二月のハノイ会談の内実も検証しておく必要があります。歴史的なシンガポール会談から一転して、表向きは「大失敗」に終わりました。トランプが席を立って決裂したのですから。そこにはトランプ側の深い事情が絡んでいました。トランプとしては、アメリカ大統領選挙が控えているため、目に見える成果が欲しかったはずですからね。

佐藤　トランプは、あの時点で、「北の非核化」というお土産を持ち帰りたかった。しかし、北もそれにはまず「制裁の解除」という具体的な果実を欲しがった。

手嶋　まさしく、卵が先か、鶏が先か、というせめぎあいでした。ハノイ会談の核心は、国連が北朝鮮に課している経済制裁の緩和でした。実質的に一一項目にわたる制裁項目のうち、少なくとも五つは外してくれ、これが北側の要求でした。ところが、決裂直後の記者会見で、トランプは「北朝鮮が制裁の全面解除を要求したので席を立った」と、予定していた昼食会までキャンセルした理由を説明した。慌てたのは北朝鮮の当局です。異例なことに、すぐさま現地でメディアを招いて釈明の記者会見を開きます。そして「我々が求めたのは、あくまで制裁の部分的な解除にすぎない」と反論しました。まさしく予期せぬ展開になったのですが、この件に関する限り、北側の言い分が事実に近いと考えるべきでしょう。

佐藤　北が制裁の全面解除などを要求すれば、たちまち交渉は暗礁に乗り上げてしまいますからね。

手嶋　ならば、トランプはなぜ「ちゃぶ台返し」のような挙に出たのか。ハノイ会談が行われているさなか、ワシントンでは変事が持ち上がっていました。アメリカ議会では、野党の民主党が、トランプの「ロシア疑惑」を取り上げ、新たな証拠を突き付けて執拗な追及を繰り広げていました。大統領は、ハノイのホテルでワシントンからの中継放送にじっと見入っていた。心ここにあらずだった。来年の大統領選挙を考えれば、ここで北朝鮮と安易な妥協をするのは得策ではない。むしろ、いったんは決裂させたほうがいい――と判断したのでしょう。それで北が無理な要求を突き付けてきたとプレスに釈明したのが真相だと思います。

佐藤　なるほど、ワシントンの厳しい情勢を考えれば、交渉を蹴っ飛ばしたほうが得だと判断したわけですね。もともと、大統領選を有利に運ぶ材料として、歴史的なシンガポール会談を演出したのですから、頷《うなず》けますね。

手嶋　ただ、決裂後のメディアの分析や識者の解説の多くは違っていました。「事務レベルの打ち合わせが周到に行われていなかったため、首脳同士の協議で齟齬が生じてしまった」などという背景を説明していました。我々が一貫して読み解いてきたように、そもそもいまの米朝首脳会談では、職業外交官が介在する事務レベルの協議などは、ほんの補助的なものにすぎないのです。日程の調整や会場の設営など小さな問題を打ち合わせる役割しかありません。タレーラン以降の外交のスタイルをほとんど踏襲していないのです。

佐藤　「ツイート」を多用して、プロの外交集団をわき役に押しやり、ガチンコでやるのがトランプ流なのです。それを従来の外交を測る尺度で論評しても、本質を見誤るだけです。

手嶋　しかし、さしものトランプも、決裂の責任を北側に押しつけたままでは、気が引けたはずです。ハノイ会談が終わった時点では、トランプとしては、金正恩に〝借り〟ができていた。なんとかしてリカバリーショットを打って、局面を変えたいと考えた。

佐藤　それが、次の板門店の出会いに向けた親書の往来につながっていったわけですね。

手嶋　そう、実際に板門店では、自ら三十八度線を跨いでみせ、借りを返したかたちになりました。

佐藤　表向きは、前日に「ツイート」で金正恩を誘い出し、三十八度線で握手して北の領域に入ってみせることで、金正恩に付き合ってみせました。急遽やってきたトランプに対して「大統領のツイートを見て驚きました」と語りかけ、二人の役者の息はぴったり合っていた。（笑）

手嶋　二人が演じる歌舞伎の書割は、近くに迫ったアメリカの大統領選挙にほかなりません。その意味で、私は再選を目指すトランプ共和党陣営のなかで、金正恩こそ最大のトランプ支持派だと見ています。金正恩チームは、トランプ再選に向けて欠かせない実動部隊なのです。トランプはヒラリーを破った先の選挙の公約は、エルサレムの首都問題やＴＰＰやパリ協定からの脱退、さらには対メキシコ国境封鎖まで、すべて実現させてみせました。新しい動きがどうしても欲しい。それが歴代の大統領の誰もなし得なかった北朝鮮の最高指導者との直接会談でした。トランプは何としても再選を果たすためにこの「最強のカード」を手放すわけにはいかない。一方の金正恩にとっても、北に武力侵攻せず、強権体制まで保証してくるトランプほど有難い相手はいない。どうしても再選してもらわなければ困ると考えているはずです。

とはいえ、ハノイで、外向きには煮え湯を飲まされた金正恩も実にしたたかです。大統領の再選をいわば借金のカタにとって、経済制裁の緩和の約束を取り付けようと、トランプ包囲網を敷き始めています。そのため、実務レベルの米朝交渉では、思いきって攻勢に出ています。現にストックホルムの協議では、経済制裁の緩和にアメリカ側が歩み寄らないことを手厳しく批判し、国内では新型のミサイル実験を立て続けに行ってワシントンを恐喝して見せています。トランプの側は、射程の短いミサイルの実験は容認する姿勢を見せていますから、ますます北のペースにはまっています。ここは安倍政権もトランプの姿勢を糾《ただ》す責任がありますね。

佐藤 その通りなのですが、金正恩もさすがです。トランプを罵ったりせず、ハノイ会談がうまくいかなかったのは、自分たちの事前交渉の担当者が不慣れで、現場の通訳にも問題があったとして処分したりしています。「下の人間がドジを踏んだからうまくいかなかった」。このあたりも、金正恩がしたたかに練り上げたシナリオと言っていいでしょう。

首脳会談にみる「通訳のミス」という手法

佐藤 「通訳のミス」というのは、首脳外交でちょくちょく使われる手なんですよ。

手嶋 ほう、実例を挙げて説明してくれますか。

佐藤　一九八五年のモスクワで行われた日ソ首脳会談がそうでした、ソ連のコンスタンティン・チェルネンコ前書記長の葬儀に中曽根康弘首相が参列、それを機に後継者となったミハイル・ゴルバチョフ書記長との会談が実現しました。

手嶋　そうした弔問外交は、しばしば意外な成果が生まれるといいます。

佐藤　ゴルバチョフは会談の最後に中曽根首相に「ダスビダーニャ」と言ったのです。これはロシア語で普通の「さようなら」。ところがロシア側の通訳は「また会いましょう」と日本語に訳した。それを聞いた中曽根首相は、日本大使館に戻って、「滞在中にもう一回、ゴルバチョフとの会談を設定しろ」と迫ったのです。大使館側が「首相、あれは、『また会いましょう』という意味ではありません」と説得したのですが、首相は耳を貸そうとしない。結局、日本側としては、渋々再度折衝を試みたのです。その結果、ゴルバチョフとの再会談が実現した。首相は日本外務省の通訳に不信感を抱いてしまい、深刻な誤訳問題にされてしまった。

手嶋　すべては首脳同士の関係を優先し、下僚を犠牲に差し出す。これは、官僚機構も民間の組織でも同じなんですね。宮仕えの哀しさと言ってしまえば、それまでなのですが、溜息がでてしまいます。

佐藤　日本側の通訳は、ゴルバチョフやボリス・エリツィンの通訳もやった腕利きの人です。誤訳ではなかったのですが。

手嶋　でも、政治家にとっては、どちらの通訳が正しいのかよりも、実が取れたほうが正解なのでしょう。

佐藤　政治家とは、洋の東西を問わず、そういうものなんです。ですから、いくら英語が堪能でも、重要な会談では、絶対に通訳を使わなければいけません。いざとなったら「誤訳だ」「通訳ミスだ」とやって、国益を守ることができるからです。

手嶋　若いときの留学経験を生かしてと、英語で込み入った協議をしたがる政治家がいますが、外交の厳しさを分かっていないんですね。

佐藤　外交交渉でICレコーダーを置かないのも、同じような理由からです。必ず、お互いのメモだけでやる。そうすると、最後は「言った」「言わない」で、逃げることができます。それは、長年の外交の知恵なのです。まあ、北朝鮮のように、秘かに録音している国も、ないわけではありませんが。

手嶋　重要な会談では、お互いに最後の逃げ道を確保しておく。

佐藤　その通りです。ただ、最後にスケープゴートにされる通訳は、たまったものではありませんが。日本の外務省でも、みんな通訳をやりたがらないのは、誤訳の責めを負わされるのが嫌だからですよ。加えて、年を取って反射神経が鈍っている局長や課長に代わって、通訳を担当する若手の外交官はきっちり記録も取らなくてはなりません。修業時代はどの仕事でもつらいものがありますね。

手嶋　しかし、少人数の首脳会談では、次官級の高官が、記録を取らざるを得ないのですが、それがきちんとできない幹部もいます。

佐藤　脱線ついでに申し上げると、我々が首脳会談の場でじっと目を凝らすのは、誰が本当の実力者なのかを見極めたいからです。政権内の実力者は、通常、首脳の隣もしくは後ろに控えています。そして、トップにすっと耳打ちをする。実質的な意思決定をしているわけです。我々は、それを見ているわけです。

もはや米に二正面作戦の余力なし

佐藤　いまのアメリカ外交は、二正面に重大な課題を抱えています。一つは言うまでもなくイランを抱える中東。いま一つは中国・北朝鮮を含めた東アジアです。問題は、いまのトランプ政権が、そのいずれに重きを置いているのかです。

手嶋　それを考察するうえで重要なのは、いまのトランプ政権を切り盛りしているのは、果たしてだれかという点です。結論は極めて明快。ずばりトランプ・ファミリーということになります。とりわけのキーパーソンは、ジャレッド・クシュナー大統領上級顧問。彼は正統派のユダヤ教徒にして、ハーバード大学出の俊才、しかもトランプの愛娘の夫、つまり娘婿なのです。

佐藤　クシュナーが正統派のユダヤ教徒であれば、イスラエルの安全保障は、アメリカの安全保障と同じ重みをもつことになります。

手嶋　ですから、中東か、東アジアかとなれば、もう選択の余地はないでしょうね。北朝鮮は、長距離ミサイルがアメリカ本土に届かなければ、それでいいと本音のところで考えているはずです。このところ、北朝鮮が新型のミサイルの発射実験を繰り返しても「短距離だから構わない」というトランプ・ツイッターには、彼らの本音が覗いています。

佐藤　アメリカのキリスト教右派が、ユダヤ教徒と地下水脈でつながっていることも見逃せませんね。

手嶋　この二つの集団は、政治信条の観点からも同志であるだけでなく、トランプ再選戦略のためにも深く結びついています。歴代政権のなかでも、もっともイスラエル寄り、しかも最右派支持を鮮明にしています。それによって、全米のユダヤ票と選挙資金をがっちりと固め、かつて息子・ブッシュ政権を誕生させる原動力となったキリスト教右派を取り込む政治戦略を描いています。

佐藤　ですから、トランプ・ファミリーの目は、一貫して中東に注がれています。対北朝鮮の窓口には、いわば「よそ者」のポンペオ国務長官を指名しても、中東、とりわけイラン問題を他人まかせにはしていませんね。

手嶋　私がこの政権を評して「アメリカ・ファースト」というより「トランプ・ファースト」だと言ってきたのはそれ故です。「トランプファミリー・ファースト」とは、裏を返せば「イスラエル・ファースト」に通底しています。

佐藤　北朝鮮を「再選カード」として最大限に活用するものの、同盟国日本の安全保障は二の次なのです。トランプ政権は、イスラエルの安全を脅かす「イランの核」を封じるために徹底して強硬な姿勢をとる。しかし、「北朝鮮の核」には甘くならざるを得ないのです。超大国アメリカといえども、もはや、イランと北朝鮮に対して「二正面作戦」をとる余力は持ち合わせていないからなのです。

手嶋　かつてのアメリカは、二つ半の有事に対応する軍事力を持つことを基本にしていましたが、いまや「二つの敵」と対峙するのも無理だと分かっているのでしょう。

佐藤　「落としどころ」も、すでに用意されています。北朝鮮には、段階的な核廃絶を約束させる。そして最終的には、北米大陸に到達できるＩＣＢＭの完全廃棄を条件に、北朝鮮の核保有を事実上容認し、経済制裁も段階的に緩めていくというシナリオです。要するに、プリミティブな核兵器を持つことには目をつぶり、ＩＣＢＭさえ持たなければいいと。

手嶋　確かにアメリカの安全保障にとっては、それでいいのかもしれませんが、日本列島は、北の中距離核の射程にすっぽり入ってしまいます。日本はもっと毅然とした姿勢でアメリカと対さなければいけません。それは、日本にとって、最悪のシナリオになってしまいます。二〇一七年刊行の『独裁の宴』で私たちは早くからそうした危険を指摘してきました。

佐藤　核搭載可能な中距離弾道ミサイルの脅威は深刻ですよ。

手嶋　米ロは冷戦期に核戦争の勃発を回避した「中距離核戦力（ＩＮＦ）全廃条約」から相次いで離脱し、条約は、二〇一九年八月廃棄されてしまいました。東アジアを舞台に、中国を含めてロシア、北朝鮮の核軍拡競争が幕を開けつつあります。その影響を最も深刻に被るのが我がニッポンであることを忘れてはなりません。

佐藤　残念ながら、そうなる可能性は、日に日に高まっている。結局、このゲームは、トランプを交渉の場に引き出し、あらゆる手立てを尽くして「関係改善」を図ろうとする北朝鮮のインテリジェンス戦略の勝利で終わるのではと心配でなりません。

アメリカ国内に蔓延する中国嫌悪の感情

手嶋　当座は確かに北朝鮮の核問題が深刻なのですが、長期的な視野に立てば、中国こそ、西側同盟にとって最大の脅威です。東アジアで海洋強国として台頭する新興の大国中国にいかに対するか。これほど重大な戦略課題はないと言っていい。もはや「貿易摩擦」の域を遥かに超えて、米中は「全面衝突」の様相を帯びつつあります。

佐藤　朝鮮半島情勢が劇的に変化する中で、その背後にいる巨人たる中国が、アメリカの攻勢にどう立ち向かっていくか。それは当然のことながら、日本の未来にも大きく関わってきます。

手嶋　ドナルド・トランプは、先の大統領選挙を通じて、中国の貿易赤字の問題を大きく取り上げました。そして、ホワイトハウスに入るや、中国に対して強硬な姿勢を主張する人材を閣僚級のポストにつけました。さらに、制裁関税を四次にわたって発動し、米中は貿易戦争の様相を濃くしてきました。それに対して中国も報復関税で応じて、両国の関係は険しさを増していきました。ただ、この段階では、アメリカの経済界にも、トランプの岩盤支持層の支持をつなぎとめる一時の「トランプ流」だと楽観視する見方もありました。二〇一九年の春先までは、ヨーロッパを含めた各国も、そろそろ沈静化に向かうという観測が流れていました。

佐藤　しかし、そうした楽観論は、すべて裏切られてしまった。

手嶋　残念ながらそうでした。一九年五月の米中通商協議は決裂し、アメリカは二〇〇〇億ドル相当の中国からの輸入品に対する関税率を、一〇％から二五％に引き上げてしまいました。引き上げが実行された五月十日の午前〇時一分、まさに僕はワシントンにいたのですが、直前まで協議はまとまるだろうというのが、ワシントンの通商関係者の観測でした。しかもそれはワシントンの多数派だった。

佐藤　中国はアメリカ経済にとって欠かせないパートナー。そう考える人々に冷や水を浴びせかけたのが、他ならぬトランプという人物です。

手嶋　ただ、そのとき、すでにワシントン全体の空気は、中国にとって険しいものにガラリと変わり始めていました。トランプだけが強硬姿勢を貫いていたのでは決してありません。民主党や穏健な戦略専門家たちの間にも、一種の嫌中感情がはっきりと兆しつつありました。

佐藤　基本的には、アメリカという国で、対中姿勢のリストラが始まっていたわけですね。軍事力にせよ貿易赤字にせよ、そろそろ他国のために担ってきた重い荷物を降ろそうではないか、と。冷戦後も世界の指導的な地位をずっと担ってきた超大国アメリカは、体力の衰えを自覚もしているのでしょう。もう「世界の警察官」たる地位を降りようとしている。ただ、基礎体力がなければ、リストラもかなわないことも、ちゃんと知っているのだと思います。リストラするなら、「今でしょう」と、トランプは直感で分かっているのです。トランプという指導者は、確かに「下品」きわまりないところがあるのですが、ことがらの本質をズバリと捉える力はあるんですよ。

手嶋　アメリカを取り巻く国際環境の変化を並のインテリのような大国意識をあっさりと捨てて、受け止めていく眼は持ち合わせている。

佐藤　「下品力」と共に一種の「把握力」もちゃんと持ち合わせている。それは認めなければいけませんね。

手嶋　中国に向けられている「ワシントンの視線」、それを象徴的に物語る具体例を三つ挙げておきたいと思います。

第一に、これはアメリカだけでなく諜報に関するUKUSA協定を結ぶいわゆる〝ファイブ・アイズ〟すなわちアメリカ、イギリス、オーストラリア、ニュージーランド、カナダに共通する、中国への厳しい姿勢の話です。これらの国々の政府高官は、中国に入国する際は、スマホなど個人の通信機器の持ち込みがすでに事実上禁じられています。なぜなら、中国国内でスマホなどの通信機器の電源をひとたびオンにするとなかに入っているデータが丸ごと抜かれてしまう危険があるからです。先日も英国からダウニング街十番地の首相官邸の幹部一行が北京に入ったのですが、通信機器をまるごとロンドンに置いていくよう命じられたといいます。

佐藤　電話を使いたかったら、中国で一時的に調達するか、日本のガラケーのようなもので済ませるのが安全ですね。

手嶋　いまの中国では、スマホ一台持っていれば、通話も、メールも、SNSも、電子決済も、すべてOKです。大変に便利なのですが、その代わり、データアプリやニュースもすべて覗き見られてしまう。スマホがなければ、もはや生活はできないのですが、それは公安当局にすべてを把握されることを意味しています。中国当局は、これはという人物を徹底して監視下に置くことができるのです。

佐藤　あっという間に、そんなシステムができ上がってしまった。中国では、国家の政策的な支えがなければ普及しなかったはずです。人々の暮らしは便利になったかもしれないが、同時に人々の動向が手に取るように当局に知られてしまう。

手嶋　第二のエピソードですが、アメリカの旧知の弁護士、この人は実にバランスの取れた人物で、決して反中派ではないのですが、こう話してくれました。「いま、ワシントンでは、『ラブラドール犬に注意せよ』と囁かれているのです」と。「中国では赤犬を食べる食文化がある。だから、ラブラドール犬だって彼らに捕まると、中国に送られて食べられてしまう恐れがある」というのです。中国への嫌悪をこうした話で煽っているのでしょう。アメリカ市民の感情に訴えるこうした類いの話は、動物擁護団体の存在もあって、あっという間に拡がっていきます。草の根の嫌中感情がここまで高まっていると、この弁護士は指摘したかったのでしょう。

第三の例も似たような話なのですが、こちらはすでに公に報じられてもいます。メリーランド大学の教授が、「中国人学生はみな、学業で不正を働く」と発言し、人種差別だとして教授の座を追われました。最近、アメリカの有力な大学では、中国人の留学生が一段と増えています。中国人のエリート留学生は、国家派遣の学生であれ、企業派遣の学生であれ、試験の成績を本国に報告する義務を負っているケースが大半です。それだけに、少しでもいい成績を取ろうと、試験で不正を働く、つまりカンニングをするという風評が広がっているというのです。確かに、アイビーリーグの中国人留学生が不正をしたという事実は報告されています。しかし、カンニングはアメリカ人だってする。

この話にも背景があって、アイビーリーグをはじめとする大学の授業料はとても高いことで知られています。大学側は、優秀な学生を獲得するには、様々な奨学金を出し、学費を免除しなければなりません。

佐藤　ええ、生活ができるだけの奨学金を出して、これはという学生を獲得しなければならない。名門といえども、大学の経営は決して楽ではありません。

手嶋　そのための原資をどこかで稼ぎ出さなければいけない。それが中国からの留学生なのです。彼らは授業料を全額払ってくれる。しかも優秀です。そういう意味では、中国人学生は大切なお客さまです。その一方で、そうした実情を快く思わないアメリカの教師や学生も少なくありません。

ＭＩＴ（マサチューセッツ工科大学）がアーリー・アクション（ＥＡ）を導入しています。最初に五％くらい特別に優秀な学生を採って、他大学に行かないよう囲い込む。ところが、中国人はその枠に一八年は一人も入っていないと聞きました。どう考えてもおかしいですね。中国から留学生を迎えれば、高度な学術情報が流出してしまうと大学側が恐れて、こうした措置を取っているというのです。米中衝突の影響は、そんなところにも及び始めています。

佐藤　確かに、単なる経済・通商分野の鞘当てにとどまらず、政治や社会、文化の様々な面に広がりつつあるのです。

手嶋　戦前、日本の移民は、よく働くが、ずるがしこい、アメリカ人の職を奪ってしまうという感情が草の根に広がり、やがて「排日移民法」ができて、日米は対立の時代に入っていきました。

佐藤　イエローペリル（黄禍論）ですね。

手嶋　そうです。中国を脅威とみなす「現代の黄禍論」のようなものが、じわじわアメリカ社会に浸透しつつあるのです。アメリカ全体に流れ始めているのは、理性ではなく感情です。それだけに扱いが大変に厄介なのです。

宇宙にも広がる中国の「一帯一路」

手嶋　二十世紀はまさしく「アメリカの世紀」でした。自由な貿易体制も、それを支えるGATT（ガット）体制も、国際法の体系も、アメリカのリーダーシップを下支えするように構築されてきました。しかし、二十一世紀を迎えると、ちょうど二〇一〇年あたりが分水嶺だと思うのですが、新興の大国として中国は、アメリカを中心として組み立てられていた国際秩序に異を唱えるようになっていきます。もっとも、中国の内在論理に照らせば、「新興の大国」などと呼ぶのは失礼千万、ここ百年余り、ちょっと居眠りをしていただけで、我々は常に「超大国」だったと思っているのですが。

佐藤　中国は、「昨日の超大国」アメリカの攻撃に少しも甘んじてなどいませんね。おっしゃるように国際的な秩序づくりでも、全面的に闘争を仕掛けてきている。彼らは、彼らなりの哲学をもって事に臨んでいます。

手嶋　挑戦者には、挑戦者としての理念を引っ提げて登場してくるわけですね。

佐藤　かつての日本もそうでした。大東亜戦争が始まったときの天皇の「開戦の詔書」にそれが端的に表れています。日露戦争、第一次世界大戦を始めるときの詔書にはあった言葉が、そこにはなかった。「国際条規ノ範囲ニ於テ」というフレーズです。「国際条規」というのは押し付けられた法律なのだから、わが国が依って立つ必要などない、という考え方をよく映しているのです。

そうした「哲学」を構築する中心にいたのが、戦後は平和運動に行く国際法学者の安井郁《やすいかおる》と、外交官試験の口頭試問の試験官を長くつとめた京都大学の田畑茂二郎《たばたしげじろう》でした。この二人が、「大東亜国際法」を作ろうとしたのです。英米によって押し付けられた「白人国際法」から、日本が主体的に関与する「国際法」の秩序に変えていくのだ、というわけですね。

この主語を日本から中国に入れ替えると、分かりやすいでしょう。今の中国は、従来の「国際法」の秩序そのものに手を突っ込んできている。だから、非常に面倒なことになっているのです。

手嶋　中国がいまや名実ともに大国になった以上、彼らの論理によれば大国に復帰した以上、国際秩序を統御していくグローバルなスタンダード、国際基準は自分たちがつくると考え始めているのでしょう。

佐藤　ガットの後継機構である世界貿易機関（WTO）に中国を入れるときには、西側世界は、それによって中国を国際的に確立しているスタンダード、ルールに従わせようと考えました。ところが、いざ中国を加入させてみると、WTOの場を逆用して、中国流のスタンダードを国際社会に押し付けようとしてきた。

手嶋　西側の思惑は大きく外れてしまったわけですね。これは他の国際機関、たとえば、国際司法裁判所など同様な動きが起きてくると覚悟すべきでしょう。

佐藤　確かにそうですね。南シナ海で中国が独自に主張する主権を認めなかった国際仲裁裁判所の判断を、北京の政治指導部は「紙屑」呼ばわりして無視しましたからね。

手嶋　中国は単に既成の国際秩序に反対しているだけではありません。彼らが実に賢明なのは、国際法の分野には、非常に脆弱な領域があることを見抜いて、そこを突破口にしようとしていることです。それが宇宙分野なのです。その証左として、中国国際法大学という新しい教育・研究機関を創って、国際法の弱点である宇宙領域で、新たな、つまり中国に有利な戦略を構築し、中国流のスタンダードを着々と築き上げようとしています。そのための若くて優秀な人材を育てようとしている。かつて世界第二の経済大国にのし上がったニッポンは、映像機器の分野ひとつですら、グローバルスタンダードを手にできなかったのですから。ああ、端倪すべからざる習近平の中国。

佐藤　中国は単に国際法のなかの「宇宙法の領域」で主導権を握ろうとしているだけでなく、実際に着々と行動しているわけですね。二〇〇三年には、中国は有人宇宙船の回収に成功しましたし、〇七年にはＡＳＡＴ（衛星攻撃兵器）による衛星破壊実験にも初めて成功しました。おかげで、巨大な「宇宙ごみ」が発生したのですが（笑）、中国の宇宙関連技術の進歩には驚かされます。

手嶋　中国はすでにアメリカと肩を並べる「宇宙大国」です。実際、衛星の打ち上げ実績をみても、中国は二〇一八年に三八回、アメリカは三四回、これに対してロシアは一六回、日本はわずか六回なんですから。かつては、米・露・中が宇宙の三大国でしたが、いまや米・中の二極体制になっています。

ことは打ち上げ回数だけではありません。これは、あまり知られていないのですが、彼らは量子レベルの暗号システムを組み込んだ「量子暗号通信衛星」をすでに打ち上げ、運用しています。これについては、宇宙法・宇宙政策の第一人者である慶應義塾大学大学院の青木節子教授から詳しく教えていただきましたので、それに依拠して説明します。まず、佐藤さん、感心したのは、この衛星の命名のセンスです。諸子百家の名を取って、「墨子」号と名付けたのです。

佐藤　ほう、百家のなかでも、平和主義者、博愛主義者として知られる「墨子」と。この最新鋭の情報衛星は、攻撃的な武器にあらずとアピールしているわけですね。

手嶋　二十一世紀の戦争は、宇宙空間とサイバー空間が主戦場になりますから、この「墨子」号は、その司令塔を担うことになります。確かに、ミサイルなどは手にしていないのですが、何とも「ブラックユーモア」が利いたいいネーミングです（笑）。この量子レベルの暗号システムを組み込んだ衛星を持っていれば、中国の高度な軍事通信は理論的には破られません。一回これを上げると、自分たちは縦横に地上の情報を収集でき、なおかつ他国に破られることもないまさしく「最強の衛星」なのです。

佐藤　いまの通信システムは、光ファイバーを張り巡らして基幹にしていますが、損傷するので更新する必要があります。量子衛星ならいったん打ち上げてしまえば、圧倒的に優位に立てますからね。

手嶋　中国は、同時に中国版GPS「北斗シリーズ」を宇宙に展開しています。平和主義者の「墨子」が「北斗の拳」を振りかざす構図になっています。（笑）

佐藤　あっという間に、宇宙大国、中国はここまで来たのですね。我々としては、あんまり振り回してもらいたくないです。（笑）

手嶋　習近平の中国は、通信、リモートセンシング、測位航法を全部統合した、宇宙の情報コリドー（回廊）を構築しつつあるわけです。フェーズが進めば、例えばホルムズ海峡から中国に至る長いシーレーンに関して、中国が最も進んだ機密情報が取れるようになるかもしれません。

佐藤　確かに宇宙は安全保障を考えるうえで極めて重要です。そもそも国際法の分野では、宇宙は成文法できちんと規定されていない。宇宙は慣習法の世界で、「大気がなくなると宇宙」なんです。だから、慣習として地表から一〇〇キロメートルを超えると、宇宙。他国のロケットが通過しても、領空侵犯ではなくなります。

手嶋　ところが、日本の防衛大臣は、日本列島の遥か上を通過した北朝鮮のミサイルを「我が領空を越えて」と記者団に話してしまったことがありましたね。

佐藤　つまり、その空間は、特定の国が占有することはできません。平和利用に関してすべてに対して開かれている南極と同じ扱いになっているわけです。でも、南極は、一部の国が領有権を主張しています。宇宙空間においても、将来、同じことが起きない保証はありませんよ。

手嶋　現に月はすでに資源争奪の舞台になりつつあります。中国は資源探査衛星を飛ばして新たなエネルギー源となるウラン鉱石のありかを探ったりしています。

佐藤　中国は、国際宇宙ステーションに加わっていません。国際宇宙ステーションというのは平和利用で縛られています。中国は、その縛りを受けたくないんですよ。

国際宇宙ステーションについて補足すると、人も送れるシステムを持っているのはロシアだけなのです。宇宙飛行士はいまだに旧式ソユーズに乗せて送るしかありません。アメリカがスペースシャトル構想で大失敗してしまったことで、そういう状況になりました。人間を宇宙に送る仕事は、すべてロシア頼みになっている。このために、アメリカは宇宙関連に関しては、対ロ制裁がかけられないわけです。

そういう構造の一方で、中国は独自の発展系で、独自の宇宙ステーションをつくっています。彼らが次に狙うのは、いま指摘にあった月です。とりわけ月の裏側。ここを制覇できたなら、そこをベースに次は火星に進出していくことになるでしょう。

手嶋　多くの日本人は、宇宙分野では、まだまだアメリカの航空宇宙局（NASA）が抜きん出た存在という印象を持っているはずです。しかし実態は中国主導になりかけています。

中国は、二〇一三年に習近平が「一帯一路」を提唱しました。一般的な説明では、「陸の一帯一路」、「海の一帯一路」、北極海の氷が溶けることで新たな航路が誕生する「氷の一帯一路」の三つをさすと思われています。しかし、本当に重要なのは「宇宙の一帯一路」なのです。

佐藤　「一帯一路」は習近平が提唱した新たな経済（・外交）圏構想です。中国が建国以来、初めて示した「大中華圏」構想と言ってもいいでしょう。その中核に情報・通信覇権の中核を担う「墨子」号が鎮座して、二十一世紀の世界に影響力を発揮する構図になっている。そう心すべきですね。

中国、独自の「生態系」へ。形勢は逆転するか

手嶋　「貿易戦争」が激しさを増す中、習近平国家主席は、二〇一九年五月二十日に、瑞金を訪れて、かつての大長征になぞらえて、いまこそ「新長征へ」と国民に呼びかけました。蔣介石率いる国民党軍と苦しい内戦を戦っていた共産党の紅軍は、一九三四年からおよそ二年にわたってこの瑞金から延安に辿り着いたのでした。「我々は最初からやり直す必要がある」と訴えたのです。

蔣介石の国民党の攻勢に耐えかねて、紅軍は瑞金の革命根拠地を放棄し、毛沢東らに

率いられた紅軍は、敗残兵のように長征に旅立ったのでした。途中で兵員の数は目に見えて減っていく。長征途上の遵義で会議を持ち、毛沢東が自らの指導権を確立します。中国共産党が中華人民共和国の建設に向けて、確かな一歩を踏み出した瞬間といっていいでしょう。

佐藤　あの長征なしに、中国共産党は、正統性を得ることはできなかった。文化大革命のころに北京の外文出版社から出た『毛主席にしたがって長征』という本があるのですが、毛沢東が靴の皮を煮て、そのスープをみんなで飲んでいたという話が紹介されていました。そうした伝説をつくりながら、幾多の苦難を乗り越え、最後の勝利を摑み取った、その道程こそ大長征だというのです。

手嶋　このとき、習近平は中国の戦略物資、レアアースの製造工場も訪れています。「米中戦争」にどんな姿勢、覚悟、戦略で臨むのか。この工場訪問ほどシンボリックに表しているものはありません。「米中衝突」は、そんなメッセージをワシントンに送るほどの局面に入りつつあるということでしょう。現下の国際政局を読み解くうえで、こうした象徴的な行為を軽視するわけにはいきません。

佐藤　その通りだと思います。同時に、米中の「貿易戦争」は、これからの製造業、経済の新たな可能性というか、方向性を示して見せたのではないかと思うのです。とりわけ、私が注目したのは、鉄鋼の関税です。トランプが、中国製の鉄鋼とアルミに関税をかけるのはいいが、アメリカ国内では、よもや薄い鉄板や缶ビール用の薄いアルミ缶などつくれない、と誰もが思っていた。ところが、いや多少厚い鉄板でも構わない、少しごついアルミのビール缶でもいいじゃないか、という方向に状況が動いていった。保護主義的な関税を発動したことで、アメリカ独自の生態系が生まれつつあるのではないか。

手嶋　アメリカは、鉄鋼業やアルミ産業に関していえば、すでに「昨日の物造り国家」だとアメリカの産業界が考えていた節が確かにありました。

佐藤　米中の「貿易戦争」が長期化すれば、経済の仕組みも、当然のことですが、それに適応して、新たな「生態系」に移行していく。中国の側も、超消費国家アメリカの製造工場たることを見直して、新たな「生態系」に進化していく可能性があるんです。

手嶋　これまで経済学者から聞かされていた理論に真っ向から挑むような見立てですが、僕には「いや、ラスプーチン理論は間違っている」と言い切る自信はありません。

佐藤　新しい生態系が発達していくと、グローバル化する経済の歯止めとなって、その結果、新たなブロック化が進むことになります。ただし、第二次世界大戦前のような「ブロック経済」ではなく、互いのブロック間のやり取りは適宜行われ、幾つかの緩やかな「ブロック」ができ上がるのではないでしょうか。

ロシアのケースを見てみましょう。ロシアでは、グーグルの普及率は二割くらいしかない。その代わり、Yandexという、ロシアやCIS諸国でしか使われていない独自のシステムがあります。これには、無料で容量無制限のクラウドが最初からついているのですがモスクワにしかないというのがミソで、国家主導の形で情報の蓄積をしているんですよ。通信システムが独自の生態系に進化している例なのです。

手嶋　形態は少し異なりますが、中国でも通信システムは独自の進化を遂げつつあり、そこには国家の意思が色濃く投影されています。GAFAの影響が国境を超えて強くなれば、それへの反作用は必ず生じます。税制面も含めた規制が強まり、新しいガラパゴスがそこかしこで生まれる可能性があります。

佐藤　それだけに、悲しきかな、日本なのです。「ガラパゴス化」は、日本の専売特許のように受け止められ、悪しき落伍者と他ならぬ我々自身が思い込んできた節がありました。「ガラパゴスのどこが悪い」と居直り、弱みを強みに転嫁させるような発想は生まれませんでした。結局、どこの「プラットフォーム」に相乗りするか、という選択を迫られ、戸惑っている。

手嶋　まあ、日本は最後は、無条件でアメリカの「プラットフォーム」に乗ってきたわけですから、真剣に選択すらしなかったともいえるのですが。

佐藤　ところが、いまや、朝鮮半島の地政学的な変化によって、予想外の状況を生み出すかもしれません。中国に引き寄せられた韓国が、中国のプラットフォームに乗るようなことになれば、日本国内でもある程度は中国の「プラットフォーム」に乗っておいたほうがいいと考える個人や企業が出てくる可能性を否定できません。その点で、「米中衝突」は、二十一世紀の社会・経済システムに、我々が考えているより遥かに深甚なインパクトを及ぼし始めているのかもしれません。

手嶋　実は、さきほど論議した宇宙を巡る覇権争いは、新たな社会・経済システムの今後を指示して興味深いと思います。韓国は十大衛星ロケット打ち上げ国ですから、独自の衛星軌道を保有しています。つまり、宇宙に一種の利権を持っているのです。ところが、その宇宙利権は、特許と同じように、保有し続けるのにカネがかかります。持ちきれなくてギブアップする。代わりにその衛星軌道を中国が買っているのです。韓国はできれば中国に売りつけたい。しかし、アメリカの眼もありますから、フィジーに売ったかたちにしたのです。これを実質的には中国が買い取ったのです。慶應の青木節子教授は「外交・安全保障分野の動きを追っているあなた方が知らないうちに、こんなことが起きているのです」と警告を発しています。

佐藤　それで、フィジーは、あんなにたくさん衛星を持っていたんですね。目から鱗です。中韓接近の予兆は宇宙分野からも窺えると言うわけですか。

手嶋　貿易戦争では、原則として、経済的に強いほうが勝つことになっています。ただ、それは限定条件がつきます。数年とか十年の単位ならば、アメリカが勝つ。しかし、長期戦になれば、佐藤さんが指摘する「新しい生態系」が出てきますから、必ずしも、いまの経済的強者が勝つとは言えなくなります。言うまでもありませんが、中国の人々にとって、数年とか、十年とかは、「一瞬」のことですから、米中の勝負はまだまだ分かりません。

イデオロギー喪失の中国はどこへ

佐藤　さて、習近平が、いざ「新長征」へと呼びかけても、いまの中国の人々が、果たしてついていくのか。国家として、アメリカと長きにわたる戦いを続けるにあたって、それが問われています。そして、習近平が中国の様な国をひとつにまとめていけるのかも定かではありません。かつては、毛沢東思想やマルクス・レーニン主義という「無神論という名の宗教」がありました。それが崩れたところで、中国をまとめるのに何が出てくるのか？　これも習近平の中国にとって極めて重い課題です。

中国の内政に詳しいジャーナリストの福島香織さんが『習近平の敗北』（ワニブックス）という本に、二〇一八年に中国政府が宗教に関する統計を出したことを紹介しています。それによると、キリスト教の信者や仏教徒など公認の宗教団体に属している人が、なんと二億人を超えるというのです。非公認の信者を入れると、この二倍以上いるという推計もあるようです。
四億人の人間が真面目に宗教を信じている――。この世俗化した世界で、それなりのパワーになりえます。そういう実態も踏まえて、中国のイデオロギーがどういう方向に向かっていくのか。これからの中国を考える場合、イデオロギーや宗教の問題は避けて通れません。

手嶋　とりわけ、現代の中国ではそうだと思います。広大な国土、世界一の人口、多様な民族、さらには、インターネット空間を介して様々な思想の潮流に触れている若者を抱える中国にとって、それを束ねる思想なくして、この国を統治していくことはかなわない。そのことをいまの習近平政権は、誰よりも肝に銘じているはずです。

佐藤　一方のトランプにも「イデオロギー」はあるのです。地図上に存在する現実のイスラエルと、『聖書』に語られている、終わりの日がやってくるイスラエルを重ねてしまうわけです。イスラエルのために何かをやっている。それは十分に宗教的な意味を持っているとトランプは堅く信じている。でも、キリスト教右派の中では、ユダヤ教徒はやがて全員がキリスト教徒に改宗する。キリスト教右派の人々は、そう信じています。

荒唐無稽と思うかもしれませんが、そんな荒唐無稽な信仰が、超大国の政治を突き動かすドライビングフォース、推進力になっているのが、二十一世紀の現実なんです。

手嶋　まさしく、信じるものは救われる、その力を無視するわけにはいきません。

佐藤　キリスト教は、性交渉しないで子ども（イエス・キリスト）が生まれたという教義を絶対に変えません。死んだイエスが三日後に復活するという教義もそう。死んだら人は魂も肉体も消滅するが、終わりの日が来ると復活して、天から降りてきたキリストによる最後の審判を受ける。これらは、現代の科学からすると、全部荒唐無稽ではないですか。しかし、その荒唐無稽なものを絶対に譲らない。堅持している。それがキリスト教の強さです。だから二十一世紀まで連綿と生き残ってきたのです。そうしたキリスト教という伝統の礎に、トランプはちゃんと乗っかっている。

アリー・ハーメネイは、一二番目のイマームはお隠れの状態になるけれども、その間はアーヤトッラー、聖職者を遣わしている。この世の終わりには、お隠れイマームが現れて助けてくれる。その教義を信じているのです。あるいは信じているふりをしているわけです。そういう非合理なものによって、イランという国家が成り立っている。そこを見逃しては、いまのイランは理解できませんよ。

一方、ロシアのウラジーミル・プーチン大統領は、アジアからヨーロッパ大陸にまたがるロシアという国家が、独自の形態で発展していくという予測を持っている。だから、ロシアが存続することは世界史的な意義があると主張しているのです。これは一種の地政学と言っていい。このユーラシア主義ともいうべきイデオロギーで生き残りを策しています。

では、翻って中国はどうか？　今でも、天安門広場には毛沢東の写真が掛かっています。しかし、そのために命を投げ出す人は、たぶんもういないのです。

手嶋　そうだとすると、何をあの広大無辺な国家を統合する原理に据えるのか、いくら「習近平思想」などと言っても、説得力がありません。

佐藤　仮に「ナショナリズム」を持ち出して、組み立ててみましょう。漢民族は、ナショナリズムでまとまるかもしれませんが、ウイグル人や、チベット人とは、さらなる緊張を生じてしまいます。これではうまくいかない。だから、ナショナリズムは、中国を束ねる決定的な武器にはなりえません。

すでに四億人が信じている宗教を考えても、そもそも、それぞれの教義も異なりますし、いまの中国の政権にとって、宗教は「警戒」の対象ですから、使えそうにありません。福島さんの著書によれば、一八年四月に、膨大な宗教人口を管理する国家宗教事務局が、党中央統一戦線部の傘下になったといいます。党中央が、直接宗教工作を指導する形にしたことは重要です。その影響は、さっそく教育にも及んでいて、一九年に改訂された小学校向け教科書から、外国文学作品に出てくる「神様」「聖書」などの表現が削除されたそうです。

手嶋　それは、露骨と言えば、あまりに露骨ですね。

佐藤　しかし、中国史を紐解《ひもと》けば、国家が乱れたときには、必ずと言っていいほど民衆は宗教と結びついて不満を爆発させてきました。宗教が起爆剤となって、巨大な政治のマグマと化し、歴代の王朝を崩壊させてきました。いまの習近平指導部は、そうした現実をよく学習しているのでしょう。それだけに、中国を安定化させる決め手は、やはり、一種のイデオロギーしかないと思います。しかしながら、それがいまだに見えない。この怖さを心底知っているのは、習近平指導部ではないでしょうか。

リーダー習近平のアキレス腱

手嶋　超大国アメリカとの覇権争いに名乗りを上げた現代中国が、実は「統合の原理」を欠いている――。非常に重要な指摘だと思います。佐藤さんの話を聞いて、二〇一八年十月二十六日に釣魚台迎賓館で催された晩餐会席上での習近平発言を思い出しました。米中衝突のさなか、トランプの盟友である安倍首相を惹きつけようという狙いもあったのでしょう。習近平国家主席は、これまでに見せたことがないような満面の笑みで安倍首相を迎えたのです。それだけに、習近平はいつになくリラックスした表情をみせ、安倍首相にこう語りかけました。

「私は中国に生まれましたから、政治を志すにあたって、共青団（中国共産主義青年団）から中国共産党という組織を経て、今日に至りました。もしアメリカに生をうけていれば、共和党か、民主党に入って、一国の指導者を目指したことでしょう」

晩餐の席には、中国共産党の最高幹部がずらりと顔を揃えていたのですが、この習近平発言に、申し訳程度にお追従笑いは浮かべたものの、彼らの表情はこわばったといいます。

佐藤　それはそうでしょう。大長征をやり遂げた中国共産党の理念とはかけ離れた、非常に現実主義的な、プラグマティックな思考が顔を覗かせています。

手嶋　まさしく、その通りです。習近平発言の行間を読み解けば、自分は中国共産党の理念に共鳴して党の前衛組織に入ったわけではない、あくまでも、政治権力を掌握するために組織の人になったということになります。その証拠に、アメリカに生まれて、大統領になろうと思えば、二大政党のいずれかに属していたというのですから。

佐藤　そう言ってしまえば、身も蓋《ふた》もないのですが、中国共産党は、国家権力を握るための道具に過ぎない――と。

手嶋　中国共産党に特に思い入れなどない。他に選択肢がなかった。そこにあるのは、イデオロギーなどという高尚なものとはほど遠い指導者の思考のスタイルです。このエピソードには続きがあります。安倍首相が、この習近平発言を引き取って、「ならば、習近平国家主席がもし日本に生まれていれば、われらの自由民主党にお入りになったわけですね」と言って、列席した人々の爆笑を誘ったそうです。

佐藤　そのへんにも、どんな会話も受けて立つ、安倍流の「下品力」が発揮されていいます。これは悪口を言っているのではありません。安倍さんがトランプの懐に飛び込むことができたのもこの「下品力」が存分に発揮されたからです。これはドイツのメルケル首相やイギリスのメイ前首相などの追随を許しません。（笑）

手嶋　かつての中国の指導者が、大国の賓客を迎えてこんな発言をしたことなどあるでしょうか。

佐藤　ここまでイデオロギーを弱体化させて、果たして、混迷を深める時代の超大国を率いていけるのか。他人事ながら心配になってしまいます。大国のリーダーがプラグマティズムを露わにして行動する。恐ろしいことだと申し上げておきます。資本主義社会では、イデオロギーが弱まると、力が貨幣に吸収されてしまう。金を持つ人間が子飼いをつくって、利権を配分しつつ、血液のように循環させる仕組みをつくる。そうしないと、権力が維持できないからです。

手嶋　いまの中国でも、そういうシステムに乗って、途方もない蓄財を果たした人間がたくさん出ています。中国共産党の権威を存分に使って金を儲けていた。習近平政権が誕生すると、「反腐敗運動」が起きて、そうした弊を一掃とまではいきませんが、駆逐しようとした。このため、現在の中国では、党の権威を笠に着た金儲けは難しくなってしまいました。

佐藤　その意味では、いまのロシアが参考になりますよ。かの国では、プーチン大統領の評判がどんどん悪くなっている。特に都市部で支持率が急激に落ち込んでいます。これも皮肉なことに、プーチンの政策が成功したからなのです。

手嶋　プーチン政権の政策の柱は、貧富の格差を解消して中産階級を創り出すことにあったはずです。それがどんな結果を招いたというのですか。

佐藤　フリードリヒ・ヘーゲルやカール・マルクスは、「市民社会は欲望の社会だ」と述べました。中産階級が中心の市民社会では、人々は選挙で政治家を送り出した後は、彼らに欲望の充足だけを求めるようになります。基本的に、政治には文句しか言いません。まさにそうした現象がロシア社会を覆ってプーチン人気を急落させているのです。格差が著しい社会では、食べるのにやっとの人々は、政治活動で欲望を追求する余裕などありませんでした。「強力な指導者」にひたすらすがり、従順に言うことを聞くしかなかった。ところが、プーチンによって創り出された中産階級の人間たちは、堂々と文句を言えるようになったのです。その矛先がいまや、誰あろう、プーチンその人に向いてしまった、という構図なのです。

最近ロシアで、独立系日刊紙『コメルサント』をはじめ、「検閲反対」とか「共同行動」といった主張が聞かれるようになりました。ああした動きが表面化するのは、中産階級が育ってきた証しなのです。さしものプーチンにも、こうした未来は読めなかった。「こいつら、俺が政策で贔屓《ひいき》して金持ちにしてやったのに、この俺になぜ歯向かうんだ」とさぞかし当惑しているにちがいありません。

手嶋　中産階級、恐るべし。ロシアの新たな政治の地殻変動を目の当たりにして、プーチン大統領は臍《ほぞ》を噬《か》んでいるのですね。

佐藤　逆にボリス・エリツィン時代のように、格差が広がって社会が疲弊すると、強い腕力が渇望され、権力者にとっては好きなことがやれる。これは日本などにも言えることですが、逆に格差が広がり中産階級が薄くなれば、統治は安定するかもしれない。国

民にとってなにが幸福か分かりませんがね。（笑）

手嶋　いまの中国は、社会主義市場経済を基礎にしていますから、プーチン率いるロシアとは、社会・経済体制が違いますが、中国も経済発展に伴って、中産階級が育ってきています。現下の香港の動乱をみても、自由な中産階級が社会の中心になっている社会は、一筋縄ではいきません。治めていくことがとても難しい。習近平もそれを痛いほど感じているはずです。

佐藤　繰り返しますが、だからと言って、国民を権力の側に惹きつけ、ひとつに結束させられる原理、思想、イデオロギーは見当たらないわけです。

手嶋　実は、米中の貿易戦争をここまで込み入ったものにしているのは、双方の社会構造に大きなひずみが生じているからなのです。「次に何が起こるのか」。ここまで、国際政局が混迷してくると、確かな予測は本当に難しい。

佐藤　経済学者ジョン・ケネス・ガルブレイスは正しかったのかもしれません。彼が述べたのとはちょっと違う意味で、世界はますます「不確実性の時代」に突入しつつある。

手嶋　その中でしかし、わが日本も主体的に混迷続きの国際社会に向き合っていかなければなりません。そこで、再び「日本の問題」に立ち戻り、中長期的な視点から、どのような外交を組み立てていくべきかを最後に論じたいと思います。

第6章

トランプの「日米安保廃棄論」に日本はどう立ち向かうのか

最大の危機に直面する日米同盟

手嶋　東アジアの安全保障に空白を創り出してしまった『日韓激突』をはじめ、一触即発の危機にあるイラン情勢、米中が真っ向から向き合う二十一世紀の「グレートゲーム」——。このいずれにも、ドナルド・トランプという異形の大統領が関わっており、日本の今後の命運を大きく左右しています。こうした難局に直面して、日本の外交は、自力で「解」を見出さなければならない時代を迎えました。

佐藤　言うまでもなく、今の世界の危機は、それぞれが複雑に絡み合う連立方程式です。しかも変数が極めて多い。解くのは容易じゃありません。

手嶋　日本は最後には自力で決断するにしても、世界の国々、とりわけ西側陣営の人々、さらにいえば同盟を結ぶアメリカと連携しながら、日本の国益を守りつつ、同時に世界平和にも貢献していかなければなりません。

ところが、日本外交の基軸となる日米同盟にいま、思いもよらぬ災厄が降りかかっています。あろうことか、太平洋同盟の一方の執行役が、「もう、こんな同盟関係などなくていい」と不満を申し立てているのです。

佐藤　やっぱり、ここでも主役は、ドナルド・トランプですね。

手嶋　これまでにも、日米同盟は、烈風にさらされたことはありました。冷戦が終わりかけたときに持ちあがった次期支援戦闘機の開発をめぐる「日米FSX（Fighter Support-X）戦争」、湾岸戦争に際しての日本の無策に対する轟々たる非難などがそうでした。しかし、アメリカ大統領が、同盟そのものをやり玉にあげて見直しを求めるなど、前代未聞の出来事です。日米安全保障条約をめぐる歴史のうえでは、締結以来の危機と言っていい。

佐藤　もちろん、日米安保は簡単に破棄できるものではありません。トランプの本気度も、正確には読めません。ただし、日本がこうした状況を軽視することは、許されない。アメリカの大統領が堂々とそうした「タブー」を口にしたこと自体が、すでに同盟関係にヒビが入りはじめているわけだから。

手嶋　全く、その通りなのです。「同盟条約は解消されたわけではないので、心配することはない」という論者がいます。そういう人には、次のように訊ねることにしています。奥さんと婚姻関係が続いていても、ある日、「もう、この結婚には飽き飽きした。できれば別れたい」と申し出たとすれば、その瞬間から夫婦関係には回復不能な亀裂が入りませんかと。みな例外なく「そりゃそうです。夫婦のあり方は変わってしまいます」と答えます。同盟という名の婚姻関係も同じことなのです。条約は実態を担保しているにすぎません。「現行の同盟はアメリカに一方的な負担を強いる不平等条約だ」「日本側は応分の負担をもっとしろ」「自分の国は自分で守ればいい」などと言っているうちに、日米同盟は日を追って腐食していきます。

佐藤　米中の「グレートゲーム」が繰り広げられているさなか、日米同盟に非を鳴らせば、東アジアでの日米の足元は、どんどん揺らいでいきます。日本はいまこそ、同盟関係の破綻を真剣に防ぐ努力をしなければなりません。

手嶋　ところが、残念ながら、日本政府にも、日本のメディアにも、危機感はまことに希薄で、そのことが危ういと思わざるをえません。

日米安保を鮮やかに斬った「微分」の大統領

佐藤　一連のトランプ発言の背景には、ホルムズ海峡で進行していたクライシスがありました。二〇一九年のホルムズ海峡の危機をケーススタディーに、日米安保のあり方を論じてみたいと思います。

手嶋　トランプ大統領が日本を標的に剛速球を投げ込んできたのは、大阪でのG20サミットを数日後に控えた一九年六月二十六日。この日、ブルームバーグ通信が「トランプ大統領は日米安保条約を破棄する可能性を側近に漏らしていた」とワシントン発で報じました。そしてその翌日には、トランプ大統領自身がFOXビジネス・ネットワークの電話インタビューに応じ、「アメリカが攻撃されても、日本はソニーのテレビで観戦しているだけだ」と不満を表明して波紋を広げました。

佐藤　「安保条約破棄の意思あり」という報道を、トランプ大統領が明確に追認したわけですね。

手嶋　直感でやっていることとはいえ、日本に狙いを定めたメディア戦略としてはかなりの切れ味です。

佐藤　むろん、「日米安保の破棄」など簡単にできるはずがありません。しかし、「ホルムズ海峡のタンカーは自前で守れ」と迫るより、はるかに効果的な「脅し」と言っていい。日米安保と海峡防衛は、表裏一体です。多国籍艦隊を編制し、日本にも参加を求め、シーレーンを共同で防衛させる。そうすれば、アメリカにとっても軍事支出はぐんと安上がりで済む。ディールの達人はそう考えたのでしょう。

手嶋　不動産の取引でも凄腕を発揮した「ディールの達人」は、米メディアを巧みに使って、「安保条約破棄」という曲球《くせだま》を東京に投げ込んできました。だとすれば、日本政府も日本のメディアも、直ちに返球すべきでしょう。ところが、「安保破棄などありえない」とうだうだ言い訳をして、この剛速球を漫然と見送ってしまったのです。ニュースで速報が流れた直後に、BSのニュース番組のアンカーから「どう扱えばいいか」と連絡があったので、「これは一連のゲームの始まりです。きちんと取り上げておいたほうがいいですよ」と伝えました。そんな成り行きから、急遽、番組に出演することになりました。しかし、NHKをはじめとする主要なメディアは腰が引けているのか、この第一報をきちんと捌《さば》けなかったのです。

佐藤　そこが大きな問題なのです。トランプ、プーチン、習近平は、少なくとも無駄口は叩きません。「トランプは常軌を逸しているから」とやり過ごすのは、分析の放棄以外の何ものでもありません。

手嶋　「常軌を逸した大統領」が、どれだけ世界の景色を変えたのか、ここまでさんざん語り合ってきました。トランプが、信念を持って「日米安全保障条約の廃棄」というドミノを起こす可能性だって成り行き次第ではゼロとは言い切れません。

佐藤　その通りです。ちなみに、政治家にも「微分法」でものを考える人と「積分法」の人がいます。日本なら鳩山由紀夫元首相は、前者の典型でしょう。鳩山さんは、ある事象は直前の状況のみに依存し、過去の履歴は関係ない――というマルコフ連鎖理論に基づいて意思決定をする。とにかく直近の知見やアドバイスに従って行動してしまう人なのです。

手嶋　鳩山さんは意思決定論の専門家で、それで博士号を取っていますからね。

佐藤　そうです。トランプも世の中を微分法で見ている点では似た者同士です。ですから、時として「理解しがたい」突飛な発言をするのです。しかし、そこには「これが正しい」という信念はあるわけです。

手嶋　同じ時期に鳩山さんという政治家が総理のポストをつとめ、トランプ大統領と日米同盟の執行役を分かちあわずに済んだのは、日本だけでなく、世界にとって幸せだったと思います。とはいえ、おっしゃるように「トランプはクレイジー」と断じるのは的外れです。ホルムズ海峡の危機に際して、初手で安保破棄を脅しに使う手法は、天才的と言わざるをえません。

佐藤　六月の安倍―ハーメネイ会談のさなか、日本企業が運航するタンカーがホルムズ海峡で攻撃され、アメリカ政府が「イラン主犯説」を唱えたことは、すでに述べました。しかし同盟国内にも支持が広がらないとみるや、今度は西側同盟国による「共同警備構想」を持ち出してきました。やはり、並のセンスではありません。

手嶋　自国のタンカーは共同して各自が守るべきだ、というわけですね。

トランプがあぶり出す日米安保の「片務性」

佐藤　トランプ流の微分法では、今の光景しか見えません。日米安保をめぐる歴史的経緯はすっぽり抜け落ちてしまうわけです。旧日米安保条約が一九五一年に結ばれた当時、日本を再武装させて強国として復活させ、米国を守らせようなどと考えたアメリカ人は皆無でした。つい六年前まで硫黄島、沖縄で死闘を繰り広げた相手と共に戦おうと思うはずはないからです。

手嶋　今回のトランプ発言は、「現行の安保条約は片務的で不平等だ」「だから破棄すべきだ」という二段構えになっています。トランプが不平を鳴らす「片務性」「不平等性」をいうなら、旧安保条約がまさしくそうでした。五一年の旧安保条約では、日本は米軍基地を提供しながら、米国には日本防衛の義務が明記されていなかったのですから。

佐藤　そう、戦勝国と敗戦国の間で結ばれた一種の不平等条約でした。

手嶋　戦いに敗れて武装を解除され、連合国軍に占領された日本が独立を回復するため、吉田茂首相は、大切な主権の一部、しかも国防の心臓部である横須賀の海軍基地や横田の飛行場を米国に差し出し、講和条約と共に旧安保条約を結びました。戦勝国の感情としては、米兵の血を旧敵国の防衛に流すなど論外だったのでしょう。旧安保条約では、日本防衛の義務はどこにも記されていません。

その安保条約が改定されたのは、一九六〇年です。時の首相は、安倍首相のお祖父さんにあたる岸信介。敗戦国が甘受していた片務条約を見直し、アメリカに「日本防衛の義務」を明記させたのでした。ナショナリストである岸信介は、日本を真に独立国たらしめようとした。

佐藤　ただ、このときは、日本国内にも「安保改定反対」の世論がありました。学生のデモ隊が連日国会を取り囲み、構内に突入して警官隊と衝突して、女子学生が死亡するという事件も起きた。岸信介首相は、安保改定と引き換えに退陣します。

手嶋　この改定によって、日本は米軍に基地と駐留費を提供し、米国は日本防衛の義務を負うことになった。互いが負う義務は非対称なものの、双務性はなんとか確保された。アメリカの草の根には、安保タダ乗りという不満は伏流していましたが、冷戦の戦略家たちは、「東アジアの要石」たる日本に前線基地を持っている意義をよく理解していました。それゆえ、歴代の大統領は、民主、共和両党が党を超えて、「日米安保破棄」などロにする者はいませんでした。ところが二十一世紀に入って、「アメリカ・ファースト」を声高に唱える異形の大統領が現れ、初めてその禁を破ったのです。

佐藤　第二次世界大戦は過去の歴史となり、冷戦も遠景になるなか、「微分法大統領」は、過去の経緯など少しも顧みず、日本もわが身くらいは自分で守れと迫ってきた。

手嶋　そのトランプ政権にとって、当座の狙いがホルムズ海峡の警備というわけですね。米国はオイルシェールもあって、中東の石油に依存はしていない。日本が中東の原油に死活的に依存しているなら、自国のタンカーくらいは自分で守れ、攻撃を受けた国が出て行かずにどうするんだ——と。

佐藤　いま、彼の頭の中を占めているのは、来るべき大統領選挙だけです。稀代の選挙上手のトランプは、こうした主張が草の根の人々の琴線に触れると読んでいる。

手嶋　戦争になれば真っ先に命を落とすのは彼らです。第二次大戦でも、まず倒れるのは庶民の子弟です。米軍ではエスタブリッシュメントの死亡率は明らかに低いですからね。

佐藤　貴き者が率先して戦地に赴いたイギリスは、士官の犠牲者も多かったんですね。英米では、そういうところにも違いがあるのです。

手嶋　東部エスタブリッシュメントの子弟のなかには、軍を志願しても、ペンタゴンの中枢で、軍用機や艦艇の大量生産の指揮を執った若者も少なくなかった。のちの国防長官、若きマクナマラはその典型です。最前線で真っ先に戦死したのは、大戦でもベトナム戦争でも、アイオワやアイダホの農民の息子たちでした。彼らこそトランプの岩盤支持層です。「米国を守ってくれない国のためにアメリカの若者がなぜ死ぬんだ」というメッセージは、草の根の有権者の心臓を鷲掴《わしづか》みにすることを知っているんです。

現実は「箱庭政治」を超える

佐藤　安保破棄のトランプ発言、その奥に見え隠れする本音は、ホルムズ海峡などで「有志連合」を結成し、関係国を共同警備に組み込むことです。トランプの絶妙な一手ですが、日本には、それに従って「出て行くのか、拒むのか」が問われることになります。日本の外交はどうあるべきなのか、に話を進めていきましょう。

手嶋　もし参加する場合には、何を法的な拠り所にするのか。官僚たちはすでにいくつかの選択肢を用意しています。

まずは自衛隊法に基づく「海上警備行動」。警備の対象は原則として日本の船舶であり、許される武器は正当防衛の最小限に限られます。「海賊対処法」に基づく護衛の場合は、相手が海賊と認定されなければなりません。新しい安保法制で可能となった出動を根拠とするなら、日本への武力攻撃に至る恐れがある「重要影響事態」と認定しなければいけません。その場合、自衛隊は補給や輸送活動など後方支援に参加できます。「日本の存立が脅かされ、国民の生命、自由などが根底から覆される明白な危険がある」という「存立危機事態」要件が満たされれば、自衛隊の海外派遣が可能となります。しかし、これはかなりハードルが高いと思います。

佐藤　確かに「重要影響事態」や「存立危機事態」を適用するにはかなり無理がありま す。そのほかには、新たにホルムズ海峡などの航行安全に関する国際協定を締結し、日本もそれに参加する方法があります。その場合も米国が指揮権を握るか否か、という問題は残りますね。

手嶋　米国は指揮権を他国に委ねることを死ぬほど嫌いますから。最後は「特別措置法」を制定して参加に道を開く。これは過去にも例がありますが、国会審議に相当のエネルギーと時間を要します。

ここで強調しておきたいのですが、安保法制にしても、国会の内外であれだけ論議を尽くして決めた法制が、実際に生起している事態にはなかなか当てはまらないという現実です。予算委員会という「箱庭」の論議で、なんとか国内的に辻褄《つじつま》を合わせても、リアルな世界は「箱庭」の想定を軽々と超えてしまう。我々はそういう悲しい現実を直視すべきです。

佐藤　全くその通りです。極論すれば、「必要は法を知らない」んですね。今回に関しては、アメリカが本気で「出てきてくれ」と迫った場合、日本はそれに応じるか断るかの二者択一に追い込まれてしまう。

自衛隊派遣の「バタフライ効果」

佐藤　アメリカの求めに応じて他国と同じスタンスで有志連合に加わった場合、日本は対イランの外交的資産をすべて失うことを覚悟しなくてはなりません。

手嶋　自衛隊のイージス艦を出した瞬間に、イランの石油という資源も、何十年もの間、営々と築いてきた外交・安全保障の資産もゼロになる。

佐藤　そうです。一九九一年、日本は湾岸戦争後、機雷除去のために掃海艇を出しました。しかし今回、イージス艦が出ていくとしたら、位相が全く違います。掃海艇を出すのは、機雷が撒《ま》かれて戦争状態になっているのが前提になる。今回は、戦闘を未然に封じる抑止力として現地に赴くのだから。

手嶋　当然、イランの側もそう受け止めるでしょう。

佐藤　日本の被る痛手は、それにとどまらないと私はみているんですよ。イランとアラブ諸国は対立しているのだけれど、アラブ人も「自分たちの海」に西側の多国籍艦隊が入り込んできて我がもの顔に振る舞うことには、強い抵抗があるのです。そこに加わるとなると、日本の「イランカード」だけではなく、「アラブカード」も大きく棄損される可能性がある。

手嶋　非常に重要な指摘だと思います。湾岸戦争のとき、当時のパパ・ブッシュ大統領に同行してサウジアラビアのリヤドから最前線に入ったときの光景を思い出します。米軍の女性兵士が、スカーフをせずにサウジの聖なる大地を闊歩していた。これがイスラム教徒の怨嗟を呼び、9・11の伏線になってしまったのです。今回も、日本の行動次第では、そうした事態を招きかねません。

佐藤　スカーフをしない女性兵士は、複雑系について説明するときによく用いられる「アマゾンの蝶《ちょう》」の役割を演じました。蝶が一回羽ばたいたことで、テキサスで竜巻が起こってしまうような事態に類比できると思います。

手嶋　些細《ささい》な出来事に不確定で複雑な要素が次々に絡んで、やがて思いもしなかった事態に発展する。これが「バタフライ効果」ですね。

佐藤　そう、ホルムズ海峡をめぐる情勢は、北朝鮮などに比べても、すぐれて複雑系なのです。とりあえずは、二〇二〇年に情報収集という名目で自衛隊をホルムズ海峡を含む中東地域に派遣することで時間を稼ぐことにしている。

手嶋　「箱庭の論理」で対処しようとしても、到底、解は見つかりそうにありません。

佐藤　反対に多国籍部隊に加わらなかったらどうなるかも、考えておくべきでしょう。この場合は、イランとは良好な関係を維持するわけだから、日本船の安全航行は保証されるという考え方が、外務省の一部や石油業界から出てくるかもしれません。

手嶋　少なくとも、イランや反米勢力から攻撃を受けることはないだろう、と。

佐藤　しかし、町内会が挙げて暴力団一掃運動をやっているときに、「スナックニッポン」だけが反社会的勢力とつながっているような会社から観葉植物を借りて金を払っているという状況が、果たして許されるでしょうか。

手嶋　ラスプーチン流の喩《たと》え話は非常に分かりやすい。（笑）

佐藤　そのときに、「いや、イランは実力組織ではあるけれど、反社ではありません」と言うのか、「正体は分かっているけど、怖くて歯向かえないのです」と言い訳するのか。今まで曖昧にしてきたことにすべて決着をつけるよう、迫られるわけです。

手嶋　冷戦終結後、こうした事態は幸いにもほとんど起こらなかったのですが、いよいよ「箱庭」から出て世界の現実と向き合わなければならなくなった。国家のリーダーは困難な決断を下し、結果責任を負わなくてはならない時代に入ったということです。

「御用聞き」という崇高な任務

手嶋　イランは、様々な言い訳を行いつつ、ウラン濃縮を進めています。核開発という伝家の宝刀をちらつかせながら、「これ以上制裁を加えると大変なことになるぞ」と牽制しています。一方、トランプ大統領は「我々を脅すつもりなら気をつけたほうがいい。前例のない凄まじさで跳ね返ってくるだろう」と言い、ペンス副大統領は「我々の自制を決断力の欠如と取り違えてはならない」と牽制しました。ペンス発言は、イスラエルを支持するキリスト教右派の集会でなされたもので、イランの宿敵イスラエルに寄り添ってエールを送ったわけです。

イランもアメリカも戦争を望んではいないことは明らかですが、こうした応酬を繰り返し、いわばチキンゲームをしているうちに、ものの弾みで熱戦に転化する危険を孕んでいるのは歴史が教えるところです。

佐藤　チキンゲームができているのは、抑止力が働いているということなのです。やはりイランのハーメネイ最高指導者の存在が大きいですね。前の大統領のアフマディネジャドのように「イスラエルを地図から抹消する」と公約したり、核戦争になっても「お隠れイマーム」が現れて救ってくれる、といった宗教的信念に凝り固まったりしている人物だったら、戦争への抑止力は働かなかったかもしれません。

手嶋　相手が怖いもの知らずでは、チキンゲームは成立しませんからね。

佐藤　ですから、イランもアメリカも、とりあえず同じ土俵で相撲を取っていることが大切なのです。とはいえ、ご指摘のように、戦争にならないという確かな保証はどこにもありません。有志連合を結成して共同艦隊を派遣するようなことになれば、逆に不測の事態を誘発する可能性は高まってしまいます。

イランと戦争状態になった場合に備えて、イランにいる日本人にどのタイミングで退去勧告を出し、飛行機をどう確保するのか。外務省が中心になって、有事のシミュレーションをしておく段階にはあると思います。湾岸戦争のときのように、日本人を人質に取られてはなりません。

手嶋　戦争という事態を招かないため、仲介役としての日本、安倍総理の役割は極めて重要です。テヘランとの対話のパイプを存分に生かして、いまこそ日本の出番でしょう。ただ一方で、繰り返しになりますが、「ホルムズ海峡のタンカーは自前で守れ」と迫るトランプ大統領にどう応じるべきか、日本は岐路に立たされています。

佐藤　トランプ政権に言われるまま有志連合に加わるのは、やはり避けるべきでしょう。あの海域で海上警備に加われば、先に述べたようにアラブ諸国も刺激します。「イスラム国」（ＩＳ）のように中東各地に拠点を持つ過激なテロ組織の活動を勢いづかせる可能性も高いとみなくてはなりません。

手嶋　一方で「私たちは出ていきません」と拒むだけでは、いたずらにトランプの怒りを買ってしまう。どんな対案を用意して納得させるか、知恵の絞りどころです。もともと商売人であるトランプはお金と人命を賭して戦争をするのを嫌がっている。この点は我々の共通認識です。

そうであれば、安倍総理の対トランプ工作の核心はつぎのようなものになるでしょう。「私なら戦争を未然に防ぎ止めることができる。ただ、アメリカべったりではイランも話を聞こうとせず、仲介の役割を果たせない。そこを理解し、私に働ける場を」と説得すべきでしょう。

佐藤　後方支援を含めて、日本はできる貢献をします。イランの中枢への情報伝達の役回りも引き受けます、とトランプに持ちかける。要はホルムズ海峡危機回避のための「御用聞き」に使ってください、ということです。

手嶋　もし、僕が安倍さんなら、トランプさんとサシになって、声を潜めてこう言うでしょう。「大統領。そもそも、なぜ日本のタンカーが攻撃されたのか、ご存じですか。戦争をやめさせるために、私がテヘランに乗り込んでいったため、日本は標的にされたんですよ」と。

佐藤　すでに論じたように、あの地域の和平を望まない勢力が、安倍訪問のタイミングを狙って攻撃した可能性が排除されないですからね。そう考えると、実は安倍首相のイラン訪問こそが、「蝶の羽ばたき」だったのかもしれません。

手嶋　米イラン戦争を当面阻止すると同時に、ホルムズ海峡に「複雑系のさざ波」を生じさせていた。

佐藤　つまり、すでに日本もチキンゲームの立派な参加メンバーということになります。

手嶋　そう、客観的に見れば、ホルムズ海峡の危機に際して、我々は国際社会から頼られる存在だと思います。

佐藤　今の日本には、慎重に決断し行動すれば、そこに端を発する戦争の危険から世界を救い出す十分な潜在力がある。それを自覚することが重要なのだということを、あらためて述べておきたいと思います。

「真珠湾の教訓」を今後にどう生かすか

手嶋　一国の外交にとっては、梟《ふくろう》のような「慎慮」と狐《きつね》のような「狡知」が、ふたつながら求められます。国家という生き物は、冷徹に先を読み、時に相手を出し抜いても、生き延びなければならない。そのためには、選り抜かれた「インテリジェンス」こそが、誤りなき決断の拠り所になります。そうした外交が機能しなければ、国際社会からの信頼を勝ち取り、その負託に応えることはかないません。

主要国のなかにあって、近年の日本は、相対的には長期の安定政権をようやく持つことができています。しかし、安倍政権も、その利点を生かす外交を展開できなければ、激動の東アジア政局を凌ぎ切ることはできません。その点では、韓国との報復の連鎖に陥っている現状には危惧の念を抱かざるをえないのです。

佐藤　近頃の安倍政権の外交をみていますと、長期政権の落ち着きのようなものが感じられます。ようやく足が地についてきたと思います。しかし、手嶋さんが指摘するように、碁盤に石をひとつでも置き間違えれば、戦局がたちまち不利になってしまう。現代史が我々に教えてくれる教訓は実に多いと思います。

手嶋　歴史は決して繰り返さない。しかし、過去の歴史から学ぶべきことは確かに多いと思います。一九四一年十二月の真珠湾攻撃はその最たるものです。太平洋戦争の劈頭で日本が仕掛けた「海の要塞」への奇襲攻撃。連合艦隊司令長官、山本五十六の着想は、アメリカ側の意表を衝いたものであり、空母機動部隊の総力を投じた航空作戦は見事の一語に尽きます。

かくして、緒戦では鮮やかに戦果を挙げたのですが、その後の戦争の遂行については、統帥部は確かな見通しを持ってはいませんでした。当時の日本は、迫りくる危機を乗り超える選択肢を一つ、また一つ失っていった果てに、追い込まれた戦争でした。アジア・太平洋戦争を巡っては、未だに「侵略戦争か」「自衛自存の戦争か」といった論争が絶えません。しかし、陸海軍ともに長期戦に勝算がないまま開戦に追い込まれていった事実を争う人はいないはずです。

佐藤　言い方を変えると、破滅を脱する選択はあったはずなのに、当時の日本の指導部はことごとく判断を誤った果てに、アメリカ側から最後通牒にあたる「ハル・ノート」を突きつけられてしまったわけですね。

手嶋　開戦にいたる日本は、イギリス、アメリカ、中国、ソ連に対する外交のすべてで行き詰まっていました。国内では並ぶ者なき実力集団だった帝国陸軍は、北方のソ連を一貫して主敵とみなしていました。ところが、三九年夏、満蒙の国境地帯ノモンハン草原でソ連赤軍の精鋭部隊に痛打を浴びせられ、九月にはやむなく停戦に応じました。スターリン率いるソ連は、日本が接近を図っていたヒトラーのナチス・ドイツと「悪魔の盟約」、独ソ不可侵条約を結び、日本の統帥部を再び打ちのめしたのです。

佐藤　時の平沼騏一郎内閣は、日独の軍事同盟の締結交渉を急遽中止し、「欧州の天地は複雑怪奇なり」として総辞職を余儀なくされました。帝国陸軍は外交の羅針盤を粉々に砕かれて、方向感覚を失ってしまったのでした。

手嶋　それ以前から、帝国陸軍が主導して始めた日中戦争は泥沼化の一途を辿っており、アメリカ、イギリス、ソ連が国民政府へ軍需物資を支援する「援蔣ルート」を封じようと、仏印（フランス領インドシナ）を目指して南進していきます。ヨーロッパで苦しい対独戦を強いられていたイギリスは、東アジアの拠点だったシンガポールを失うことを危惧し、イギリスを率いる宰相チャーチルは、アメリカのルーズベルト大統領を誘って、対日経済封鎖網を築きあげます。そして日本の生命線である石油・鉄鋼の供給を絶ったのでした。

佐藤　当時の日本の指導部には、近衛文麿−ルーズベルトのトップ会談を通じて対英米戦を回避し、石油・鉄鋼の禁輸を解かせることに微《かす》かな望みを託しつつ、同時に対英米開戦の準備を進めていました。しかし、近衛―ルーズベルト会談もハル国務長官らの反対で立ち消えとなり、結局は、戦争への道を選ばざるを得なかったのです。その戦いに陸海軍共に勝利する自信はなかったのでした。百歩譲って、仮にこれが「正義の戦争」だとしても、勝てる見込みのない戦争を始めた指導部の責任は極めて重いと断罪せざるを得ない。どのような状況でも負ける可能性が高い戦争を自分から仕掛けてはいけません。

手嶋　確かに、当時の日本は、戦争を回避するすべての外交上の選択肢を失ってしまい、もはや開戦は不可避となった時点でも、長期戦に勝利する見通しを持てていなかった。なんという国家でしょうか。真珠湾の奇襲作戦を主導した山本五十六提督が、「対米戦には断固として反対だ」と唱えていた事実は、歴史のアイロニーといわざるを得ないですね。

佐藤　全く勝算をもてないまま、自分よりもはるかに強大な軍事力と経済力をもつ敵と争わなくてはならなくなったのです。その果てに、自国民だけで三一〇万人を超える犠牲者を出してしまった。外交に携わる者は、虚心坦懐に、なぜそんな愚かなことをしてしまったのか、わが事として「歴史の教訓」に学ぶべきでしょう。

手嶋　アジア・太平洋戦争に完敗した日本は、独立を回復するにあたって、戦勝国のアメリカを相手に安全保障の盟を結びました。こうして戦後の日本は、経済大国としての道を駆けあがっていったのです。日米の安全保障同盟こそ、軽武装・経済重視の戦後路線を支える礎となったのです。

ところが、冷戦が幕を降ろして四半世紀、アメリカに「異形の大統領」があらわれ、あろうことか、日米の盟約を「アメリカに一方的な負担を強いる不平等条約だ」と不満を言い立てました。東アジアの戦略環境は、このトランプ発言からも分かるように、根底から変わり始めています。

佐藤　いま世界のいたるところで、想定外の事態が起きています。それは、国際政局の基底部に重大な地殻変動が起きているからだと思います。

ですから、お隣の韓国で、疑惑の渦中にある人物を法相に強硬指名した文在寅政権が倒れたとしても、日韓の暗雲が吹き飛んで一気に青空が広がることなどないと心得るべきなのです。これまでに見てきたように、朝鮮半島をめぐる戦略環境は様変わりし、ひとたび火がついてしまった反日ナショナリズムは容易に収まりそうもありません。

手嶋　同じように、ドナルド・トランプが二〇二〇年の大統領選挙で敗れ、民主党が政権を奪還したとしても、アメリカという国から「トランプ的なるもの」、そう、アメリカの国益をなりふり構わず追い求める「アメリカ・ファースト」の潮流が消えてなくなるわけはありません。むしろ、強まることさえ覚悟しておくべきでしょう。トランプ的潮流は、この国の構造変化が生み出したものであり、トランプは原因ではなく、結果なのです。

佐藤　そうした世界の潮流を前提にすれば、日本はいまこそ、中長期的視点に立った、自前の外交戦略を構築し、手嶋さんの表現を借りれば、「箱庭政治」からの脱却を図ることが急務だと思います。

手嶋　そのためには「日米の安全保障体制は未来永劫続くはずだ」といった戦後日本の常識をいったん捨て去って、嵐のなかに漕ぎ出していく覚悟で、この国の指針を定めていくべきだと思います。この著作が、そのためのささやかなヒントになればと願ってやみません。

あとがき

中公新書ラクレから手嶋龍一氏との共著で上梓した『独裁の宴——世界の歪みを読み解く』（二〇一七年）、『米中衝突——危機の日米同盟と朝鮮半島』（一八年）と本書『日韓激突——「トランプ・ドミノ」が誘発する世界危機』（一九年）に通底する方法論がある。それは、国際政治、世界経済における地理的制約を重視する地政学だ。海洋国家と大陸国家は別のルールで動くというのが地政学の基本的主張だ。中国、ロシアなどの大陸国家は軍事力を背景に領域拡大によって国益を増進する。海洋国家は、領域拡大よりも、貿易によるネットワークによって国益を増進する。そのためには国民の教育に重点的に資源を配分し、経済力を強化することが必要になる。アメリカとイギリスが典型的な海洋国家だ。太平洋戦争後の日本も海洋国家の道を歩んだ。半島は、大陸国家と海洋国家の要素を併せ持つ。この基本を頭に入れておけば、複雑な外交問題の基本的枠組みをとらえることができる。本文で詳しく述べたが、日韓関係が急速に悪化している背景には、北東アジアの地政学的変動がある。韓国は朝鮮戦争の結果、大陸から切り離され、海洋国家として発展することになった。それが、一八年六月十二日にシンガポールで行われたトランプ米大統領と北朝鮮の金正恩朝鮮労働党委員長の会談によって変化しつつある。米朝関係の改善に伴い韓国が地政学的に大陸と再結合しつつある。その結果、中国、北朝鮮、韓国が連携して日本と対峙する状況が生じている。カウンターバランスをとろうとして日本はロシアに接近している。ナチス・ドイツの公認イデオロギーであったため、第二次世界大戦後、東西冷戦の終結まで「悪魔の理論」として省みられなかった地政学であるが、欧米やロシアのエリートは常に地政学的に思考している。

国際ジャーナリストとして第三者的視座を重視する手嶋龍一氏に対して、私は無意識のうちに日本国家を擁護する傾向がでてしまうことも対談を通じて再認識した。

本書を上梓するにあたっては中央公論新社の中西恵子氏、フリーランスライター南山武志氏にお世話になりました。どうもありがとうございます。

二〇一九年十一月二十五日、曙橋（東京都新宿区）の仕事場にて

佐藤　優

本書は、『中央公論』二〇一九年八、九月号、十一月号に掲載した記事に、紙幅の都合上、掲載できなかった箇所を大幅に加え、全体を再構成したものです。

構成／南山武志
本文ＤＴＰ／市川真樹子

ラクレとは…la clef=フランス語で「鍵」の意味です。
情報が氾濫するいま、時代を読み解き指針を示す
「知識の鍵」を提供します。

中公新書ラクレ
673

日《にっ》韓《かん》激《げき》突《とつ》

「トランプ・ドミノ」が誘《ゆう》発《はつ》する世《せ》界《かい》危《き》機《き》

2019年12月25日初版

著者……手嶋《てしま》 龍一《りゅういち》　佐藤《さとう》 優《まさる》

発行者……松田陽三
発行所……中央公論新社
〒100-8152 東京都千代田区大手町1-7-1
電話……販売 03-5299-1730　編集 03-5299-1870
URL http://www.chuko.co.jp/

本文印刷……三晃印刷
カバー印刷……大熊整美堂
製本……小泉製本

Published by CHUOKORON-SHINSHA, INC.
Printed in Japan　ISBN978-4-12-150673-3　C1236

中公新書ラクレ　好評既刊

L607
独裁の宴《うたげ》
――世界の歪みを読み解く

手嶋龍一＋佐藤　優 著

中露北のみならず、いつのまにか世界中に独裁者が〝増殖〟している。グローバリゼーションの進展で経済も政治も格段にスピードが速くなり、国家の意思決定はますます迅速さが求められるようになっているためか、手間もコストもかかる民主主義に対し市民が苛立ちを募らせている。これが独裁者を生み出す素地になると本書は指摘する。だからといって民主主義は捨てられない。こんな乱世を生き抜くための方策を、両氏が全力で模索する。

L639
米中衝突
――危機の日米同盟と朝鮮半島

手嶋龍一＋佐藤　優 著

米朝首脳会談を通じて「恋に落ちた」と金正恩を讃えるトランプ。北朝鮮の背後にあって「海洋強国」を目指す習近平の中国。朝鮮半島は中華圏に引き寄せられ、日本は米中衝突の最前線で烈風に曝されつつある。「米朝開戦か！」と騒がれていた2017年秋、早くも「米朝はいずれ結ぶ」と言い当てたインテリジェンスの巨匠2人が、「新アチソンライン」という新たな視座とともに提示する驚愕のシナリオとは。日本の危機を直視せよ！

L658
ハーバードの日本人論

佐藤智恵 著

判官びいきは日本人の特徴か。日本人はなぜロボットを友達だと思うのか。なぜ細部にこだわるのか。本当に世襲が好きなのか。なぜものづくりと清掃を尊ぶのか。なぜ義理を重んじ、周りの目を気にするのか。なぜ長寿なのか。そもそも、日本人はどこから来たのか……。いまだに日本は世界の不思議だ。世界最高の学び舎、ハーバード大学の10人の教授のインタビューを通して、日本人も気づかなかった日本の魅力を再発見できる一冊。